AF313504

I

PREUVES
DE LA BRANCHE
DES
MARQUIS DU HAUTOY
DE CLÉMERY.

LETTRES DE FOI ET HOMMAGE *données en la ville de Nancy le 4 novembre 1454,* par Jehan filz de Roy de Jhrlm & Sicile &c. Duc de Calabre, de Lorraine, Marchis & Marquis du Pont, à fon très chr. & bien amé GILET DU HASTOY filz Monff. JACQUEMIN DU HASTOY qui fut, ad caufe de tout ce entiément qu'il tient, puet & doit tenir en fiedz du dit Prince en fa Duchie de Lorraine & Maiquifie du Pont &c. *Par Monff. le Duc &c. les Ballifz de Nancey & de Vofges & autres eftans pns. Signé Warry & fcellé.* (Original en parchemin.)

ACTE paffé à Metz le 28 avril 1444, devant Gillet le Bel Notaire y-réfidant, par lequel GILLET DU HASTOY qui avoit efté ignorament fur le dopmaige de lã Cité de Mets en certenne cheffe & entreprinfes qu'il fift fur aucuns dez foldoyeus & feivans de ladite Cité & ailleurs, dont pour ce lez Seigneurs d'icellę Cité l'en tenoient en leur doubre & inimiftiez, & pour ce qu il s'eft de ce excufei enveis les dis Seigneurs de Mets, & par le moyen & à la piiere d'aucuns fes bons amis, les dis Seigneurs l'ont mis hois de leur doubres & inimiftiés, de fon plain gié de-

A

VI.ᵉ DÈGRÉ.

GILLET DU HAULTOY,
Ecuyer de Jehan, Duc de Lorraine, &c.

JACQUEMETTE-CHANTE DE SERAUCOURT,
fa premiere Epoufe.

BARBE DE LUZY,
fa feconde Epoufe.

1454.

vient home féal & entre en la fois & homaiges de la dite Cité en la perfonne de honnorable home meffire Werry de Toul Maiftre Efchevin d'icelle Cité, en la main duquel il jure & promet par la fois & ferment de fon corps, fa main touchie fur les Stes. euvangiles & ymaige de ñre ſr. & fur fon honneur que dores en avant tant come il fera vivant ne aura vie naturelle on corps, il fera bon & leal, & portera fois & léalté à la dite Cité & aux fiens, & les gainira & advifera de leur dopmaiges & deftourbiers par tout où il le favera & que faire le poira par honneur, & ne porra eftre, ne fera toute fa dite vie durant furle dopmaige de la Cité, des manans, habitans, fervans, homes, fubgis, tertes & pays d'icelle pour feignis ou perfonnes de quelcunques eftas ou condicons qu'ilz foient, ne à quelcunques caufes, titles ou quarelles que fe foit, ne meffaire, ne entreprentre fur autres perfonnes quelcunques, de quel pays ou extracon quilz foient dedéns la terre, pays & feigneurie de la dite Cité, fe donsque n'eftoit pour très hault & très excellant Prince fon très redoubté feigneurs, le Roy de Jhrlm & de Sicile, Duc d'Anjou, de Bar & de Lorraine &c. pour le quel il poiroit bien fervir, on cas qu'il feroit guerre à la dite Cité pour fon fait en chief ad caufe dudit Duchie de Bar & non autrement; & ne portoit encor ledit fervice faire que il ne le fayffe favoir aux dis Seigneurs de Mets en ladite Cité par féz lettres ouvertes deux mois devant, & ainçois que il fayffe ledit fervice audit Roy ou à celui qui que feroit Duc de Bar, & nonobftant ce demeurroit toujours fon dit homaige en fa force & vallour toute fadite vie durant &c. *Préfens difcretes perfonnes Meffire Demenge Curé de Retonfay, & Nicole Rondel Curé de Failley on Diocefe de Mets pbres. Signé Gilleti Pulcri avec paraphe.* (Original en parchemin.)

LETTRES données à Nancy le 3 may 1461, par Jehan filz de Roy de Jhrlm & de Sicile, Duc de Calabre & de Lorraine, Marchis, Marquis du Pont, par les quelles ce Prince fait favoir que comme pour fubvenir aux grans affaires qu'il a & lui furviennent de jour en jour en la conquefte de ce Royaulme de Sicile, il a envoyé par de là en fes pays & feigneuries fes très chiers & bien amez GILET DU HAULTOY & WUILLAUME fon filz fes Efcuiers d'Efcuierie, pour remonftrer & requerir à tous fes bons fubgiers & bien vuellans que à ce befoing le voulfiffent aidier & fecourir, affin de eviter les grans inconveniens qui par faulte d'argent lui pourroient advenir, & que après les remontrances ftes. par fes dits Efcuiers à fes très chiers & bien amez les Nobles de la Prevofté d'Eftain come bons fubgiers & vrays obeiffans defirans le bien & advancement dudit Prince, de leur propre mouvement, fans ce que par raifon ils y fuffent tenus, liberalement & de bon vouloir ayent donné à fefdits Efcuiers pour & en fon nom la fomme de cent vintz viez florins de Rin, les quelx ils ont délivré à fon bien amé Jehan Phelippin fon Receveur geñal de Lorraine pour les lui envoier, le dit Prince n'entend & ne veut qu'il leur puiffe ou doye tourner en nulz préjudice ou confequance ores, ne on temps advenir en quelque maniere que ce foit, mais qu'ilz foient & demeurent en leurs franchiffes & libertés pour ceftui cas. *Par Monfeigñr le Duc, à la relation du Confeil, le Bailli* de *Nancey*, *Meſſ. Ferri de Ludes*, *Meſſ. Jehan de Puligny Chlrs*, *Phelipe & Colart de L'enoncourt & autres preſens. Signé Herault avec paraphe.* (Original en papier.)

DÉNOMBREMENT donné le 17 janvier 1487 par GILLET DU HATTOY à ſon très redoubté & Souverain Seigneur Monſeigneur le Duc de Bar & de Lorraine &c. à cauſe de ſon Duchié de Bar & Prevoſté d'Eſtain de tout ce qu'il a à Moranville, Chaſtillon ſoubz la Coſte & ban de Hardaucourt, en eſtang, en molins, tailles, amendes, guignaiges, prez, terres, rentes & revenus & ſeigneuries quelxconques & quelles qu'elles ſoient & lui appartiennent à cauſe d'acquetz fait par lui & JACQUEMETTE CHANTE ſa feme, de meſſire *Jehan de Germini* Chlr, & de *Jehan de Houſſe* Eſcuyer, qui lui ont vendu ce qu'ilz avoient éſdits lieux, en ſeigneuries, juſtice, juridictions, amendes, gaignages, terres, preys, rentes, revenus de deniers, blez, avoines, cire, chappons, gelines, eſtang, molins & toutes autres choſes; les quelz acquetz le dit Seigneur a ratiffié & confirmé au proffit du dit GILLET par ſes lettres du 12 octobre précédent, & promet en faire les devoirs & ſervices tels qu'il appartient à ſon dit Seigneur le Duc & ſes ſucceſſeurs Duc de Bar, quant meſtier ſera & requis en ſera &c. & pour ce que préſentement il n'a ſon ſcel, il prie vénérable perſonne meſſire Demenge Thierriet Doyen de St. Mixe de Bar, & noble homme Guillaume de Revigny, mettre leur ſcelz aux dites préſentes. *Expédition délivrée le 29 octobre 1774 ſur l'original en parchemin, ſcellé de deux ſceaux, dépoſé au tréſor des chartres de Lorraine, layette intitulé* E S T A I N n°. 55, *& collationnée par deux Conſeillers Maîtres en la Chambre des Comptes de Lorraine, commiſſaires en cette part, en exécution du décret du 24 dudit mois.*
Signé Le Febvre & Le Clerc de Vrainville.

EXTRAIT des Regiſtres des Aſſiſes tenues à Mirecourt, Bailliage de Voſges le 27 aouſt 1562, aux quelles GUILLAUME DU HAULTOY Eſcuyer, on nom de luy & de ſes fres. anffans de BARBE DE LUZEY, jadis feme de feu GILLET DU HAULTOY, a eſté proclamé la ſeconde foys à requeſte de *Jacques de Luzey*, préſens Monſſ. *de Gerbeviller*, Monſſ. *de Bayer de Boppart*, & Monſſ. *de Gironcourt*, les quelx n'ont comparu ne autres pour eulx.

EXTRAIT des Aſſiſes tenues à Mirecourt, Bailliage de Voſges le may 1510, en la cauſe d'entre GUILLAUME DU HAULTOY Eſcuyer, acteur, & JACQMETTE CHANTE DE SEROCOURT deffendereſſe, touchant les pieces & traicté pr. le dowaire de lad. JACQMETTE, à cauſe de feu GILLET DU HAULTOY ſon mari, Monſſ. *de Hauſſoville* eſchevind a dit par droict que led. GUILLAUME en a aſſés fait, de quoy ſes Procureurs ont demandé départ de Court, préſent Monſſr. *de Gerbéviller*, Monſſr. *de Fraſnel*, les ſſrs. *de Braviller*, & *de Haudémont.*

4

LETTRES *données à Nancy le 3 may 1461, par Jehan filʒ de Roy de Jhrlm & de Sicile, Duc de Calabre & de Lorraine, Marchis, Marquis du Pont, par les quelles ce Prince fait ſavoir que* comme pour ſubvenir aux grans affaires qu'il a & lui ſurviennent de jour en jour en la conqueſte de ce Royaulme de Sicile, il a envoyé par de là en ſes pays & ſeigneuries ſes très chiers & bien amez GILET DU HAULTOY & WUILLAUME ſon filz ſes Eſcuiers d'Eſcuierie, pour remonſtrer & requerir à tous ſes bons ſubgiets & bien vuellans que à ce beſoing le voulſiſſent aidier & ſecourir, affin de eviter les grans inconveniens qui par faulte d'argent lui pouroient advenir, & que après les remontrances ſtes. par ſes dits Eſcuiers à ſes très chiers & bien amez les Nobles de la Prevoſté d'Eſtain come bons ſubgiets & vrays obeiſſans deſirans le bien & advancement dudit Prince, de leur propre mouvement, ſans ce que par raiſon ils y fuſſent tenus, liberalement & de bon vouloir ayent donné à ſeſdits Eſcuiers pour & en ſon nom la ſomme de cent vintz viez florins de Rin, les quelx ils ont délivré à ſon bien amé Jehan Phelippin ſon Receveur geñal de Lorraine pour les lui envoier, le dit Prince n'entend & ne veut qu'il leur puiſſe ou doye tourner en nulz préjudice ou conſequance ores, ne on temps advenir en quelque maniere que ce ſoit, mais qu'ilz ſoient & demeurent en leurs franchiſſes & libertés pour ceſtui cas. *Par Monſeignr le Duc, à la relation du Conſeil, le Bailli de Nancey, Meſſ. Ferri de Ludes, Meſſ. Jehan de Puligny Chlrs, Phelipe & Colart de Lenoncourt & autres preſens. Signé Herault avec paraphe. (Original en papier.)*

LETTRES DE REPRISES *données à Bar le 24 aouſt 1495, par René Roy de Jeruſalem & de Sicilles, Duc de Lorraine & de Bar, &c. à ſon cher & féal* GUILLAUME DU HAULTOIS, *à cauſe de ce qu'il tient ſoubz ce Prince, mouvant des Fiedz de ſondit Duchie de Bar, à quoy il l'a fait recevoir par ſon très chier Con-*

feiller & Bailly de Bar, Philebart de Staville, faulf fon droit & l'autruy &c. *Signé*
RENÉ, & fur le repli, Par le Roy de Sicille, Chriftien, Rta. Chafteauneuf, & fcellé
du grand fcel en cire rouge, à deux queues de parchemin pendantes. (Original en
parchemin.)

*EXTRAIT des Regiftres des Affifes tenues à Mirecourt, Bailliage de Vofges le
27 aouft 1502,* aux quelles GUILLAUME DU HAULTOY Efcuyer, on nom de
luy & de fes fres. anffans de BARBE DE LUZEY, jadis feme de feu GILLET
DU HAULTOY, a efté proclamé la feconde foys à requefte de *Jacques de Luzey,*
préfens Monff. *de Gerbeviller,* Monff. *de Bayer de Boppart,* & Monff. *de Giron-*
court, les quelx n'ont comparus ne autres pour eulx.

*VENTE faite le 5 juin 1509, devant Jehan Gratinot & Mengin Maffon, Clercs
jurés du fcel du Tabellionnage de Sathenay,* par Jehan le Legal & Jehanne fa femme, ladite Jehanne fe faifant fort comme tutereffe de Jehanne fa fille, de Poincelot
le Legault & d'Alifon fa femme, à nobles conjoings GUILLAUME DU HAUTOY
ffr. de Lufey en partie, & à ALIX DE FAILLEY fa femme, d'une maifon féant audit Lufey, ainfy comme elle fe contient de toutes pars, les preix & jardins de devant
& de coftel &c. & de quelques pieces de terres, & mafures & rentes, pour la fomme de foixante cinqz frans monnoye de Barrois &c. *Signé J. Gratinot & Maffon.*
(Groffe en parchemin.)

*EXTRAIT des Regiftres des Affifes tenues à Mirecourt au Bailliage de Vofges le
24 feptembre 1509,* en la caufe d'entre honoré ffr. Meffe. *Guillaume de Dompmrtin*
Chevalier, à l'encontre des habitans dudit Dompmartin, touchant le ixe. que le dit
Seigneur leur demande, honoré ffr. Meffe. [GUILLAUME] DU HAULTOY ffr.
de Luzey, Efchevin en la caufe, a dit en refvenant de fon Efchevignaige qu'il trouvoit
par tous Meffrs. les Nobles, par luy & fans debat, que quant aux meix que ledit
Seigneur de Dompmrtin fe doit contenter des offres que lui ont faictes les dits
habitans que font telles qu'il y a plufrs. meix anciens efdit lieu tenu pour meix en-
ciens, les quelx il face arpenter, pour puis après arpentés & mefurer les autres felon
la grandeur d'iceulx, & que au contenu d'iceulx les dits habitans poulront planter
& femer ce que bon leur femblera, fans ce que ledit feigneur leur puiffe autre chofe
demander fois que l'arentement & payeront felon le rapport fait par Monff. le Bailly.

REPRISE faite le 3 avril 1510, par GUILLE DU HATTOY, Efcuyer, dem. à
Luzen, tant en fon nom que à caufe de Damoifelle ALIX DE FAILLY fa feme, de
ce qu'il tient en fied de Monfeigneur le Duc, tant au lieu de Sathenay, à Ville fur
Yron & Ville au Percy, en la Prévofté de Conflans en Gernify, Bailliage de Sainct
Mihiel, & à Convifions & la Prevofté & Baill. de Bar, & ghalement de tout ce qu'il
tient en fied en la Duchie de Bar, à quoy ledit Seigneur l'a fait recevoir par fon Sé-
néchal de Barroys. Signé Anthoine, & par Monfeigneur le Duc, les Srs. de Gerbéviller Capitaine de la Garde & autres préfens, J. Dupuis. Rta. Alexandre *pro* Chafteau-

neuf. *Expédition délivrée le 17 octobre 1776, & collationnée sur l'original tiré du registre des Lettres patentes des années 1505 jusques & compris 1509, déposé au trésor des chartres de Lorraine fol. 241 verso, par deux Conseillers Maitres en la Chambre des Comptes de Lorraine, Commissaires en cette partie en exécution de son décret du 7 août précédent. Signé* Le Febvre, *& plus bas* F. Éloy.

EXTRAIT *des Assises tenues à Mirecourt, Bailliage de Vosges le 6 may 1510,* en la cause d'entre GUILLAUME DU HAULTOY Escuyer, acteur, & JACQMETTE CHANTE DE SEROCOURT deffenderesse, touchant les pieces & traicté pr. le dowaire de lad. JACQMETTE, à cause de feu GILLET DU HAULTOY son mari, Monss. *de Haussoville* eschevind a dit par droict que led. GUILLAUME en a assés fait, de quoy ses Procureurs ont demandé départ de Court, présent Monssr. *de Gerbéviller,* Monssr. *de Frasnel,* les srs. *de Braviller,* & *de Haudémont.*

TESTAMENT *fait le 23 mai 1518 devant Guille Tongny Escuyer ssr. de Chastel, Cappitaine & Prevost de Sathenay, & Mengin Masson Juré-Garde du scel du Tabellionnage de ladite Ville & Prevosté,* par GUILLE DU HAUTOY Escuyer, Seigneur de Luzey en partie, par lequel le dit Testateur eslit sa sépulture en l'Église parrochialle de saint Grégoire de Sathenay en la fosse où gist sa feue femme MELOTIN; ordonne estre fait son service honorablement come à son estas appartient; donne à Damoiselle ALIX sa feme, pour tenir heritablement pour les bons services qu'elle l'y a fait, l'acquest par lui fait à Jehan Renesson touchant la caurre & les appartenances tant seulement; veult que les enffans de sadite feme pñt Damoiss. ALIX, ayent & empourtent enthierremt sa part de tout l'aquest qu'il a fait au lieu de Luzey pour cause que ledit acquest a esté fait de ses deniers venant de ses héritaiges qu'il avoit vendu avec plussrs. autres deniers que lui & sadit feme ALIX, eulx conjoing ensemble par mariage, ont paiez & missionez en maisonant jceulx, & mis en l'estat que de pnt font; qu'en la maison de Sathenay séant devant la Halle, roye de Mengin Masson, les enffans de sa feue feme MELOTTIN aient la moitié, & ses autres enffans de sadite feme ALIX l'autre moitié, pour cause qu'il disoit avoir icelle payé & eschangiez de ses biens & heritaiges qu'il avoit tant en *ynor* come en ceste ville sur la maison que tient son frere *Jehan du Hautoy;* que sa fille Nicolle ays pareil parson en mariage come sa fille Ysabelle, & eslit pour son Executeur ladite AELIX sadite feme seulle & pour le tout, ez mains de la quelle il met tous ses biens quelconques pour faire, accomplir ce present Testament &c. *Signé Tongny & Masson.* (Grosse en parchemin.)

EXTRAIT *des Registres des Assises tenues à Mirecourt, Bailliage de Vosges de l'an 1524,* en la cause d'entre Damoiselle ALIX DE FAILLEY, tant en son nom que pour & on nom de GEORGE & *Nicolas* enffans d'elle & de fut honoré Seigr. Messie GUILLAUME DU HAULTOY, vivant Escuyer ssr. de Luzey, à l'encontre de Messire *Jehan du Haultoy,* Dame *Nicolle du Haultoy,* Dame de l'Eglise de Remiremont enffans dudit fut Meffre Guillaume du Haultoy Efcuyer, & de fut Damoifelle MELOTTIN DE HARAULCOURT fa premiere feme, en la quelle honoré ffr. Meffre *Nicolas de Ludre* Chevalier, Seigneur de Richartmenil Efchevin a dit en retournant de fon Efchevinaige qu'il trouvoit par tous Mffis les Nobles, par lui & fans débat que la fentence donnée felon le départ de Court fur ce fait doit eftre intérinée, & que ladite Damoifelle ondit nom n'a à lever la main audit Mffre *Jehan* & confors, & fy ledit Mffre *Jehan* luy prétend aucunes chofes demander, la poulra porfuivre par les termes acoftumés, ainfy l'ait-il dit & par droit.

EXTRAIT des Réfolutions capitulaires du Regiftre de l'Églife infigne St. Pierre de Remiremont du 26 octobre 1701, par le quel il confte que la LIGNE DU HAU-TOIS *eft jurée & recue depuis un temps immémorial dans ladite Églife & Chapitre; figné Blaife Ecolatre, & fcellé;* au quel on joint un certificat donné le 23 feptembre 1776, par les Dame Doyenne & tout le Chapitre de ladite Infigne Eglife Collégiale & féculiere faint Pierre de Remiremont, capitulairement affemblées, par le quel elles font favoir que par les arrefts de réglement dudit Chapitre, & felon l'ufage obfervé de temps immémorial, les Demoifelles qui ont defiré y être recues, ont préfenté leur extrait baptiftaire, duement légalifé, leur arbre généalogique de quatre lignes paternelles & quatre maternelles, que chacune de fes lignes a prouvé 200 ans de filiation de nobleffe d'épée, dont l'origine ne paroiffoit pas, par des titres autentiques, comme contrats de mariage, teftaments, partages, donations, foys & hommages, ou titres équivalents, felon les pays dont étoient les lignes; que ces titres étoient originaux, ou copies duement légalifées par les Juges des lieux, les quelles fi elles fe trouvoient fufpectes à la Dame Abbeffe & au Chapitre, pouvoient être rejettées, & la Demoifelle obligée à fournir des originaux; que ces lignes ainfi prouvées en Chapitre, devoient encore être jurées dans le cours de l'année de réception par trois Chevaliers jurés à Remiremont, fous peine d'être ladite Demoifelle décoiffée, & déchue de fon apprébendement; que quoiqu'on ignore l'époque ou LES NOM ET LIGNES DU HAUTOY ont été reçus & jurés, il eft conftant qu'ils le font de temps immémorial à Remiremont, & que vers 1590 il y avoit dans leur Chapitre des Dames de ce nom, &c. PAR ORDONNANCE CAPITULAIRE, *figné J. L. Renauld, Chanoine & Ecolatre, &c. & fcellé.* (Original en parchemin.)

VIIIe. DEGRÉ.

*GEORGE
DU HAULTOY,
II. du nom, Ecuyer,
Seigneur de Luzy, &c.*

━━━━━━

*JEANNE DE POUILLY,
fon Epoufe.*

1524.

*E*XTRAIT *des Regiftres des Affifes tenues à Mirecourt, Bailliage de Vofges de l'an 1524*, en la caufe d'entre Damoifelle ALIX DE FAILLEY, tant en fon nom que pour & on nom de GEORGE & *Nicolas* enffans d'elle & de fut honoré Seigr. Meffre GUILLAUME DU HAULTOY, vivant Efcuyer ffr. de Luzey, à l'encontre de Meffre *Jehan du Haultoy*, Dame *Nicolle du Haultoy*, Dame de l'Eglife de Remiremont enffans dudit fut Meffre Guillaume du Haultoy Efcuyer, & de fut Damoifelle-MELOTTIN DE HARAULCOURT fa premiere féme, en laquelle honoré ffr. Meffre *Nicolas de Ludre* Chevalier, Seigneur de Richartmenil Efchevin a dit en retournant de fon Efchevinaige qu'il trouvoit par tous Mffrs les Nobles, par lui & fans débat que la fentence donnée felon le départ de Court fur ce fait doit eftre intérinée, & que ladite Damoifelle ondit nom n'a à lever la main audit Mffre *Jehan* & confors, & fy ledit Mffre *Jehan* luy prétend aucunes chofes demander, la poulra porfuivre par les termes acoftumés, ainfy l'ait-il dit & par droit.

*P*ROCURATION *paffée le 8 mars 1557*, devant J. Eftienne *Notaire, & Guillaume Tafquin, Tabellion & Greffier en la Juftice & Prevofté de Sedan, par laquelle* GEORGE DU HAULTOY, *Efcuyer, Seigneur de Luzy, donne plain pouvoir à Damoifelle* JEHANNE DE POULLY *fa femme, pour tracter, contracter & accorder le mariage d'entre* GUILLAUME DU HAULTOY *Efcuyer, fon filz, & de la dicte Damoifelle* JEHANNE DE POULLY, *avec Damoifelle* ANNE DE HOUSSE, *fille de* CLAUDE DE HOUSSE, *Efcuyer, Seigneur de Noncourt & de la forte maifon de Ville en Woyvre, & de Damoifelle* YZABELZ DE VIGNEULLES *fa féme, &c. Ladite Procuration fuivie du Contrat de mariage paffé le 14 mars fuivant, devant Nicolas Ballardy & Jacques Moginet, jurez au Tabellionnage de l'Evéché & Comté de Verdun, de* GUILLAUME DU HAULTOY *Efcuyer, filz def-*

dits ffr. GEORGE DU HAULTOY & de Damoiselle JENNE DE POULLY sa-
dite femme d'une part, ladite Damoiselle assistée de honoré Seigr. *Gerard du Haul-
toy*, Prothonotaire, & de *Christofe des Armoises*, Escuyer ffr. de Rembercourt sur
Maz en partie, &c avec Damoiselle ANNE DE HOUSSE, fille d'honoré Seigneur
CLAUDE DE HOUSSE, Escuyer, Sr. de Noncourt-lez-Jainville sur Marne, &
Seigr. de la forte maison de Ville, & de Damoiselle YSABEL DE VIGNEULLES sa
femme, assistée d'honoré Sr. *François de Vigneulles*, Seigr. du Mesnil, Voé de
Dieulowart, & de *Claude de Vigneulles* Escuyer, Seigr. dudit Mesnil en partie, &
Putainvillers, frere à ladite Damoiselle Vigneulles, & d'honoré Seigneur Andrieu
de St. Hillier, Seigr. dudit Mesnil en partie, par lequel ladite Damoiselle JENNE
DE POULLY, fondée de Procuration du Sr. son mari, donne en faveur dudit mariage audit Sr. GUILLAUME DU HAULTOY son filz & à ladite Damoiselle ANNE
DE HOUSSE sa future espouse, la some de septz vingtz frans monnoie barrx, ou
la quantité de cent septiers de grains, mesure de Belmont, par moytié froment &
avoine, aux choix & option desdits futurs conjoings, à prendre sur tous les biens
de ladite Damoiselle JENNE DE POULLY, & en cas d'insuffisance, ledit Sr. GEORGE
DU HAULTOY veut que le surplus soit pris sur une Cense à lui appartenant, si-
tuée audit Luzy, &c. Et ledit Seigneur CLAUDE DE HOUSSE & Damoiselle
YZABEL DE VIGNEULLE sa femme donnent à ladite Damoiselle ANNE DE
HOUSSE, leur fille aisnée en faveur dudit mariage, en tous droictz de proprietez,
la moytié de toutte la Seigneurie gnalle & universelle de Noncourt les Jainville sur-
Marne, tant en haulte Justice, moyenne & basse, en boys, ripvieres, fours, moul-
lins, pressoirs, crowées, vignes, preys, terres arrables & non arrables, en deniers,
grains, vins, cites, chappons, &c. & generallement touttes autres rentes, &c. Signé *Moginet & Ballardy*. (Grosse en parchemin.)

PARTAGE fait à Aultreville le 24 *novembre* 1571, devant Jehan Henry, Tabellion à Mouson, par *Aubertin de Paouilly* Escuyer, sieur d'Ignor, d'Amblemont
& du Sartaige en partie, Damoiselle JEHANNE DE POUILLY sa sœur, veuve de
feu GEORGE DU HAULTOY, aussi Escuyer, sieur de Luzy, icelle Damoiselle
assistée de *Jehan de Mouzay*, aussi Escuyer, son gendre, de partye des hériraiges,
terres & seigneuries à eux advenuz & escheuz par la mort de feuz JEHAN DE
PAOUILLY, Escuyer sieur d'Ignors, dudit Paouilly, Amblemont & Sartaige
en partie, & de Damoiselle FRANCOISE de BARTHAULCOURT sa femme,
leur pere & mere, & aussi par la mort de feu Messire *Guille de Paouilly*, pbre,
& Damoiselle *Françoise de Paouilly*, femme de *Guille Carré*, Escuyer sieur de la
Neufville, leur frere & sœure, ledit partaige delayé à l'occasion des guerres & autres empeschemens, comme aussy de certaine donaõn mutuelle & testamentaire faicte
par ladicte *Françoise de Paouilly*, audict *Guille Carré* son mary, par lesquclles lettres de donaõn la succession d'icelle appartient audict *Guille Carré*, & audict *Aubertin de Paouilly* par les lettres de transaction & accord faitz entre les dicts *Guille*

Carré & Aubertin de Paouilly, la vie dudict *Guille Carré* feullement, & iceulx par ce mcyen poffeffeurs de ladite fucceffion, & dont pour ce regard ladicte DAMOI-SELLE JEHANNE reconnoît que pour parvenir à faire aultre & ce préfent partaige avec fondit frere d'aultres. biens, héritaiges & feigneuries obligez par lefdictz dons faictz par la dicte *Françoife*, & que pour defcharger iceulx envers ledict *Aubertin* & touts aultres qu'il appartiendra au nom d'elle, elle oblige de rechef pour ce regard & affecte tous fes biens, heritaiges, & pars entierement des Cenfes de Beaulmont, Haraulcourt & Aultreville envers les dictz *Guille* & *Aubertin*, fes beau-frere & frere, pour par iceulx lever les fruictz defdictes parts defdictes Cenfes jufques à la concurance porteez par lefdictz dons mutuelz, teftamentaires, tranfactions & accordz fufdictz.

Par ce partage ledict *Aubertin de Paouilly* emporte pour fa part, pour lui, fes hoirs, fucceffeurs & ayans caufes & pour toujours mais, tel droict & portion que ladicte Damoifelle JEHANNE fa feure a en la moictyé de la feigneurye d'Amblemont-les-Mouzon, ainfy qu'elle fe contient d'anciennetté, en haulte juftice, moyenne & baffe; partant par indivis avec ledict *Aubertin* fon frere, en tous héritaiges, cens, rentes & revenus, à elle appartenant par la mort de la dicte Damoifelle FRAN-COISE DE BARTHAULCOURT fa mere; item tel droict & portion que ladicte DAMOISELLE JEHANNE a en la feigneurie dudict Sartaige, & deppendance d'icelle, partant avec ledict *Aubertin* fon frere & aultres fes parants; neufz quartelz de bled de rente fur les moulins du Roy à Monzon, cinq quartelz ung bichez d'avoyne de rente à Ignors & Martincourt, deux maifons à Monzon, la grande Cenfe de Maitye, ainfy qu'elle fe contient, unze feptiers trois quartelz de grains, moictye froument & l'aultre avoyne, mefure dudict Monfon, fur la petite Cenfe dudict Mairye, avec le droict de proprieté qu'elle a fur icelle & quinze gros de rente, le prez du ban foubz Amblemont de 13 quarterons ou environ &c. Et ladicte DA-MOISFLLE JEHANNE a & emporte pour elle, fes hoirs & ayans caufes les cenfes de faincte Geneviefve en Monzon. ainfy qu'elles fe contiennent en maifons, marechaulfée, meiz, jardins, channevieres, terres & prez fans aulcune chofe réferver, avec la petite cenfe dudit lieu; 25 feptiers ung quartel de rente, moictye bled & avoyne avec tel droict, proprieté, raifon & action qu'elle a fur la petite cenfe de Mairye; la cenfe de Vaulx, quelques rentes en volailles & deniers fur la Seigueurie de Luzy. *Signé Henry Tabell.* (Groffe en parchemin.)

ACCORD fait le 7 mars 1574 à Luzy, devant Jope Brion Piêtre, & Pierre Symard, jurez au Tabellionnage de Sathenay, entre honorés ffrs. VUILLAUME DU HAULTOY, ffr. de Luzy & Ville en Woepvre en partie, d'une part, & *Jehan de Mouzay* auffi ffr. dudict Luzy en partie, au nom & cóme marit & foy faifant fort de Damoizelle *Françoife du Haultoy* fa femme, d'autre part, touchant la fucceffion à eulx délaiffée par feu honoré ffr. GEORGE DU HAULTOY leur pere, par le quel ledict VUILLAUME DU HAULTOY emporte pour luy, fes hoirs & ayans caufes, le tiers d'une maifon fcife à Luzy, appartenant audict de Mouzay à caufe

de ſa femme, avec les granges, eſtables, colombier, may & jardin, roie (entre)
Wathie Deſchamps & les hoirs Jehan du Haultoy d'une part, & une rue & le
cymetier de l'Eſgliſe dudiﬅ Luzy d'autre part; item le tiers d'ung jardin appellé
vulgairement le Brouart, roie le ruiſſeau du moulin, avec le tiers d'ung aultre jardin,
roie la maiſon François de Chappy d'une part, & les hoirs feue bonne du Haultoy
d'aultre; item le tiers d'ung bois contenant trente trois arpentz, appellé le bois des
ſſrs. de Luzy, avec le tiers du ſixieſme audit bois des ſſrs. dudiﬅ Luzy, à prendre
à la part d'*Aubertin de Pouilly*, Eſcuyer ſſr. d'Ignor; item le tiers à prendre à la part
Jacques d'Alamont Eſcuyer, ſſr. de Maſſige & conſors, à charge que ſi *Charles de
Rouſſy* Eſcuyer, ſſr. de Chaſtel, à cauſe de *Philippe du Haultoy* ſa femme voulſoit
avoir part auſdits tiers de bois ſus nomez, il y pourra rentter à la moiﬅié des diﬅs
tiers de bois, en donnant par luy récompenſe audiﬅ DU HAULTOY, équivalent
la diﬅe moitié deſdiﬅs tiers ſuivant le traiﬅé de mariage dudiﬅ *de Mouʒay*; item
lediﬅ *de Mouʒay* quiﬅe ledit GUILLE DU HAULTOY ſon beau-frere, de tout
ce qu'il a receu tant en deniers qu'aultrement des biens provenans tant de la ſucceſſion dudiﬅ feu GEORGE DU HAULTOY leur pere, ſpécialement de la ſomme de 2400 frans monn. barrois, provenant de la vendition de pluſſrs. heritaiges
appartenans à Damoiſelle JEHANNE DE POUILLY ſa mere. Et ledit GUILLE
DU HAULTOY ſſr. dudiﬅ Luzy, quiﬅe audiﬅ *Jehan de Mouʒay* au nom de la
diﬅe Damoiſelle *Françoiſe* ſa femme, le tiers en deux maiſons ſiſes audiﬅ Luzy,
avec la grange, eſtables & jardin; item ung tiers en trois petitz jardins ſciz audiﬅ
Luzy; item ſon tiers du bois appartenant aux ſſrs. de Luzy, appellé la Coſte, à
charge que lediﬅ DU HAULTOY ſera tenu d'acquiter ledit *de Mouʒay* & ſa femme de tous arrierages & redebvances quelconques qu'ilz pourroiént avoir receuz,
tant du paſſé que pour l'advenir envers *Charles de Rouſſy* ſſr. de Chaſtel & *Phelippe du Haultoy* ſa femme, leurs cohéritiers, à cauſe de rapport de mariage prétendu par lediﬅ ſſr. de Chaſtel, & envers *Barbe de l'Eſcut* leur belle ſœure, à cauſe
du douaire à elle prétendu à cauſe de feu *Jehan du Hautoy* ſon marit, enſemble
le tient quiﬅe de tout ce que lediﬅ *de Mouʒay* pourroit eſtre redebvable envers
lediﬅ DU HAULTOY, des levées qu'il a faiﬅ tant en grains qu'argent, provenant
des biens deſdiﬅs GEORGE & ſa femme leur pere & mere. *Signé Brion & Symard*. (Groſſe en parchemin.)

IXe. DEGRÉ.

*GUILLAUME
DU HAUTOY,
III. du nom, Ecuyer,
Sr. d'Ynor, Pouilly,
Ville-en-Voivre, Vatron-
ville, Ronvaux, &c.*

*ANNE DE HOUSSE'
son Epouse.*

1557.

PROCURATION *passée le 8 mars 1557, devant J. Estienne Notaire, & Guillaume Tasquin, Tabellion & Greffier en la Justice & Prevosté de Sedan, par la quelle* GEORGE DU HAULTOY, Escuyer, Seigneur de Luzy, donne plain pouvoir à Damoiselle JEHANNE DE POULLY sa femme, pour tracter, contracter & accorder le mariage d'entre GUILLAUME DU HAULTOY Escuyer, son filz, & de la dicte Damoiselle JEHANNE DE POULLY, avec Damoiselle ANNE DE HOUSSE, fille de CLAUDE DE HOUSSE, Escuyer, Seigneur de Noncourt & de la forte maison de Ville en Woyvre, & de Damoiselle YZABELZ DE VIGNEULLES sa féme, &c. Ladite Procuration suivie *du Contrat de mariage passé le 14 mars suivant, devant Nicolas Ballardy & Jacques Moginet, jurez au Tabellionnage de l'Evêché & Comté de Verdun,* de GUILLAUME DU HAULTOY Escuyer, filz desdits ssr. GEORGE DU HAULTOY & de Damoiselle JENNE DE POULLY, &c. avec Damoiselle ANNE DE HOUSSE, fille d'honoré Seigneur CLAUDE DE HOUSSE, Escuyer, Sr. de Noncourt-lez-Jainville sur Marne, & Seigr. de la forte Maison de Ville, & de Damoiselle YSABEL DE VIGNEULLES, &c. *Voyez la suite aux pages 8 & 9.*

*S*ENTENCE *rendue le 9 juillet 1562, par le Lieutenant général au Bailliage de l'Evesché & Comté de Verdun,* dans le procès d'entre honoré Seigneurs Messire *Gerrard le Bouteillier,* Chevalier, Seigneur de Moussy, Seneschal de Lorraine, Capitaine de Pargney, *Perrin de Watronville,* Seigneur de Maizey, Ranzieres & Bailly de Sainct Mihiel, à cause des Dames *Barbe & Jeanne de Housse* leurs femmes, demandeurs d'une part, & GUILLAUME DU HAULTOICT, aussi Escuyer ssr. d'Yno, Pouilly en partie, & de la maison forte de Ville eu Weipvre, ad cause de Damoiselle YZABEL DE HOUSSE sa femme, deffendeurs d'autre part, tou-

chant certaines fommes provenans des fruicts & levées faictes tant par ledit deffendeur,
que par feu CLAUDE DE HOUSSE fon beau-pere, pendant cinq années efcheuts
à la St. Martin 1560, de la moictié du terraige dudit Ville en Weipvre, enfemble
des rentes, revenuz & émolumens de la Seigneurie de fainct Remy foub les Coftes,
jadis appartenant audit feu CLAUDE DE HOUSSE, & la deffence faicte audit
deffendeur de plus s'entremettre à lever les fruictz defdits terraige & feigneurie, &
certaines lettres de vendition paffées à Hattonchaftel, devant Huet Oulrat & Nicolas
Longeau, le 7 octobre 1547, contenantes lefdits CLAUDE DE HOUSSE & Damoifelle YZABEL DE VIGNEULLE fa femme, avoit vendu à honoré Seigneur
Meffire *Henry de Houffe* ladicte moitié de terraige, enfemble ce qu'ils avoient en
la feigneurie de fainct Remy foub les Coftes, moyennant la fomme de deux mil
frans monnoye de barrois, &c. *Signé Cabary.* (Groffe en parchemin.)

DÉCLARATION donnée le 8 juin 1569, par les Préfident & Gens du Confeil &
des Comptes des Duchés de Bar de la réception des adveux & dénombrement de
GUILLAUME DU HAULTOY Efcuyer, Sr. de Blonde-fontaine en partie, de ce
qu'il tient en fief, foyd & hommaige de Monfeigneur le Duc de Calabre, Lorraine,
Bar, Gueldres, &c. en la feigneurie de Blonde-fontaine, à caufe de fon chaftel, chaf-
tellenie de Chaftillon fur Saone, Bailliage de Baffigny. *Expédition délivrée le 29 oc-*
tobre 1774, collationnée par deux Confeillers Maîtres en la Chambre des Comptes de
Lorraine, commis en cette partie, en exécution du décret du 24 dudit mois, & renduë
conforme à la piece tirée de la layette intitulée CHASTILLON, n.° 76, *dépofée au*
Tréfor des chartres de Lorraine. Signé Le Febvre *&* le Clerc de Vrainville.

ACCORD fait le 7 mars 1574 à Luzy, devant Jope Brion Prêtre, & Pierre Symard, jurez au Tabellionnage de Sathenay, entre honorés ffrs. VUILLAUME DU
HAULTOY, ffr. de Luzy & Ville en Woepvre en partie, d'une part, & *Jehan de*
Mouzay auffi ffr. dudict Luzy en partie, au nom & côme marit & foy faifant fort
de Damoizelle *Françoife du Haultoy* fa femme, d'autre part, touchant la fucceffion
à eulx délaiffée par feu honoré ffr. GEORGE DU HAULTOY leur pere, par le
quel ledict VUILLAUME DU HAULTOY emporte pour luy, fes hoirs & ayans
caufes, le tiers d'une maifon fcife à Luzy, appartenant audict de Mouzay à caufe
de fa femme, avec les granges, eftables, colombier, may & jardin, roie (entre)
Wathie Defchamps & les hoirs Jehan du Haultoy d'une part, & une rue & le
cymetier de l'Efglife dudict Luzy d'autre part; item le tiers d'ung jardin appellé
vulgairement le Brouart, roie le ruiffeau du moulin, avec le tiers d'ung aultre jardin,
roie la maifon François de Chappy d'une part, & les hoirs feue Bonne du Haultoy
d'aultre; item le tiers d'ung bois contenant trente trois arpentz, appellé le bois des
ffrs. de Luzy, avec le tiers du fixiefme audit bois des ffrs. dudict Luzy, à prendre
à la part d'*Aubertin de Pouilly*, Efcuyer ffr. d'Ignor; item le tiers à prendre à la part
Jacques d'Alamont Efcuyer, ffr. de Maffige & confors, à charge que fi *Charles de*
Rouffy Efcuyer, ffr. de Chaftel, à caufe de *Philippe du Haultoy* fa femme voulfoit

D

avoir part aufdits tiers de bois fus nomez , il pourra rentrer à la moictié des dicts tiers de bois, en donnant par luy récompenfe audict DU HAULTOY, équivalent la dicte moitié defdicts tiers fuivant le traicté de mariage dudict *de Mouzay*; item ledict *de Mouzay* quicte ledit GUILLE DU HAULTOY fon beau-frere , de tout ce qu'il a receu tant en deniers qu'aultrement des biens provenans tant de la fucceffion dudict feu GEORGE DU HAULTOY leur pere, fpécialement de la fomme de 2400 frans monn. barrois, provenant de la vendition de pluffrs. heritaiges appartenans à Damoifelle JEHANNE DE POUILLY fa mere. Et ledit GUILLE DU HAULTOY ffr. dudict Luzy, quicte audict *Jehan de Mouzay* au nom de la dicte Damoifelle *Françoife* fa femme, le tiers en deux maifons fifes audict Luzy, avec la grange, eftables & jardin; item ung tiers en trois petitz jardins fciz audict Luzy; item fon tiers du bois appartenant aux ffrs. de Luzy , appellé la Cofte, à charge que ledict DU HAULTOY fera tenu d'acquiter ledit *de Mouzay* & fa femme de tous arrierages & redebvances quelconques qu'ilz pourroient avoit receuz, tant du paffé que pour l'advenir envers *Charles de Rouffy* ffr. de Chaftel & *Phelippe du Haultoy* fa femme, leurs cohéritiers, à caufe de rapport de mariage prétendu par ledict ffr. de Chaftel, & envers *Barbe de l'Efcut* leur belle fœure, à caufe du douaire à elle prétendu à caufe de feu *Jehan du Hautoy* fon marit , enfemble le tient quicte de tout ce que ledict *de Mouzay* pourroit eftre redebvable envers ledict DU HAULTOY, des levées qu'il a faict tant en grains qu'argent, provenant des biens defdicts GEORGE & fa femme leur pere & mere. *Signé Brion & Symard.* (Groffe en parchemin.)

CONTRAT de Mariage paffé à Tichemont le 17 juillet 1586, devant J. Petitjean & Fr. Caillou Nottaires, de GEORGE DU HAULTOY, filz d'honoré Seigneur GUILLAUME DU HAULTOY, Seigneur de la Maifon-forte de Ville, Ronvaux, Watronville en partie, & de Damoifelle ANNE DE HOUSSE fon efpoufe, avec Damoifelle BLANCHE DE LANDRES, fille de Meffire CLAUDE DE LANDRES dit DE BRIEY, Seigneur dudit Landres, Aviller & Tichemont en partie, &c. & de Damoifelle Marguerite de Landres fon efpoufe, &c.

Voyez cette piece en l'article fuivant, page 16.

TESTAMENT fait le 10 mars 1592, par GUILLAUME DU HAUTOY, Seigneur de Ville, Watronville, Ronvaux, &c. par le quel il fait fçavoir que comme les affignals de mariaige de GEORGE, *Efther & Rachel* DU HAUTOY fes enfants, font pris partie fur la propre ligne de Damoifelle ANNE DE HOUSSE fa chere & bien aymée efpoufe, & l'autre partie fur des acqueftz qu'ils ont fait conftant leur mariage, les quelz affignalz montent à plus que fon patrimoine ne portoit, & que par ce moyen elle feroit fruftrée du douaire qui luy devroit appartenir fur fon bien; il ordonne qu'avenant l'heure de fon décès ladite ANNE DE HOUSSE fon efpoufe emporte en proprieté la moitié des acquefts faits conftant leur mariaige, & de l'autre moitié qu'elle en jouyffe en ufu-fruict fa vie durant, pour après fa mort retourner laditte moitié à ſes enfants, felon les droits & couſtumes des lieux où ils ſont ſitués, veut auſſi qu'elle jouyſſe de rous les meubles en propriété, à charge de payer les dettes qui ſe rrouveront. Ladite déclaration faitte en préſence de GEORGE DU HAUTOY ſon filz, de *Claude de Xonot* ſſr. de Maizeres à cauſe d'*Eſter du Hautoy* ſa femme, & à la quelle ils ont acquieſcé. *Signé* DU HAUTOY, GEORGE DU HAUTOY, *Eſter du Hautoy*, *Xonot*. (Minute originale en papier.)

CESSION faite le 9 janvier 1609, par ANNE DE HOUSSE, Dame de Ville en Woyvre, Watronville & Ronvaulx en partie, &c. veſve & reliĉte de deffunĉt honoré Seigneur GUILLAUME DU HAULTOY, Seign. des diĉtz lieux, à Meſſieurs les Préſident & Conſeille des Comptes du Duché de Bar, de l'hommaige de Mayon, fille de Blaiſe Colin & d'Anthoinette ſa femme, dudiĉt Watronville, ſes ſubjeĉt & ſubjeĉte de corps, pour icelle Mayon eſtre mariée avec Anthoine filz de feu Blaiſe le Mayeur demeurant à Ambly, & déformais demeurer ladiĉte Mayon ſubjeĉte de S. A. par laquelle ladite Dame, tant en ſon nom qu'en celui d'honoré Seigneur Chreſtien le Bouteillier, Seigneur de Bouvigny, Boulenge, Mouſy le neuf, Watronville & Ronvaulx en partie, & Capitaine de Parny le Duc, &c. le quel a ung huiĉtieſme dedans ſon droiĉt, pour le quel elle ſe porte fort, quiĉte l'hommaige de la diĉte Mayon à S. A. en luy donnant lettres de luy en rendre une aultre de ſes ſubjeĉtz de pareille aage, bien & faculté & condition que la diĉte Mayon & que ſont ſes autres ſubjeĉtz de Watronville, à la premiere requeſte. Signé Anne de Houſſe & ſelon les lettres de promeſſe du 23 janvier ſuivant, écrites au dos de la dire Ceſſion, ladite Mayon eſt dite pouvoir ſuccéder pour ſon tiers en la ſucceſſion de ſes pere & mere de 2500 frans.

Expédition délivrée le 17 octobre 1776, collationnée par deux Conſeillers Maîtres en la Chambre des Comptes de Lorraine, Commiſſaires en cette partie, en exécution de ſon décret du 7 août précédent, & rendue conforme à la piece en parchemin tirée de la layette intitulée ST. MIHIEL 3, n.° 22, *dépoſée au Tréſor des chartres de Lorraine. Signé* Le Febvre & François.

X^e. DEGRÉ.

Xᵉ. DEGRÉ.

GEORGE
DU HAUTOY,
III. du nom, Chevalier,
Seigneur de watronville,
Ronvaux, Ville-en Voi-
vre, Aviller, Haulcourt,
&c.

BLANCHE DE
LANDRES
fon Epoufe.

1586.

*C*ONTRAT de Mariage paffé à Tichemont le 17 Juillet 1586, devant J. Petit-Jean & F. Caillou, Notaires, de GEORGE DU HAULTOY, fils d'honoré Seigneur GUILLAUME DU HAULTOY, Seigneur de la Maifon forte de Ville, Ronvaux, Watronville; en partie & de Damoifelle ANNE DE HOUSSE fon époufe, affifté de Meffire *François du Haultoy*, Chevalier Seigt. de Nubefcourt & Bullainville, &c. d'honoré Seigr. *Charles de Rouffy*, Chevalier, Seigneur de Chaftel, Afpremont, &c. Chambellan de S. A. & Enfeigne de la Compagnie de Monfeigneur de Vauldémont, d'honoré Seigneur Nicolas de Watronville, Seig. dudit lieu, &c. Gentilhomme fervant de fadite A. d'honoré Sieur *Théodorich des Hermoifes*, Seigneur de Hannoncelle, Marxéville - les - Nancy, en partie; *Jean de Sainélignon*, Seigneur de Mureaux, & d'honoré Seigneur *Claude de Xonot*, Seigneur de ville, Mazerey & Allamont, en partie, avec Damoifelle BLANCHE DE LANDRES, fille de Meffire CLAUDE DE LANDRES, DIT DE BRIEY, Seigneur dudit Landres, Aviller & Tichemont, en partie, &c. & de Damoifelle MARGUERITE DE LANDRES fon époufe, affiftée de Meffire *Affrican de Hauffonville*, Chevalier, Baron dudit lieu & d'Orne, Chambellan & Confeiller d'Etat de S. A. & fon Marefchal de Barrois; de Meffire *René de Florainville*, Chlr. Seigneur dudit lieu, Fain, Hargéville, Charpentrey, Coufans, &c. Confeiller & Chambellan de S. A. Capitaine de fes Gardes, & fon Bailly de Bar, d'honoré Seigneur *Loys de Lifferas*, Seig. dudit lieu, Bofferville, &c. Bailly de Chaftel-fur-mozelle; d'honoré Seig. *Jean de Haraucourt*, Seig. de Chambley, Germiny, &c. & d'honoré Seigneur *Nicolas de Landres*, Seigneur dudit lieu, Richarmeny, Patroye, &c. par lequel lefdits Sieur & Dame de Landre donnent à ladite Damoifelle BLANCHE leur fille, outre les habillemens, bagues & joyaux, felon la qualité de leur maifon, pour fon dot de mariage, &

pour le partage qu'elle pourrroit prétendre en leur fucceſſion mobilliaire & immobiliaire, la fomme de vingt-cinq mille francs monnoie de Barrois, moyennant laquelle fomme lefdits futurs conjoints renonceront à la fucceſſion univerſelle defdits Sieur & Dame DE LANDRE, au profit d'honoré Seig. *Didier de Landre* leur fils, & frere à ladite Damoiſelle BLANCHE DE LANDRES, dont dix mille francs payables dudit jour en trois ans; autres dix mille francs les trois années ſuivantes, & les autres cinq milz francs advenant la mort de l'un d'iceux recognoiſſans, n'eſtoit que l'un d'eux mourut pendant les ſix années, ce que cas advenant, ne ſera tenu le ſurvivant & héritiers de donner lefditz cinq milz francs qu'à la fin de la ſeptieſme année, pendant lequel temps lefdits Sieur & Dame DE LANDRES donnent à ladite Damoiſelle leur fille par chacun an, lefdits ſix ans, ſix vingtz paires de quartes moitié bled & avoyne, meſure d'Eſtain, à prendre ſur la terre & Seigneurie d'Aviller, lefdits Sieur & Dame du Haultoy conviennent, cas advenant de mort à leut filz, que ladite Damelle. aura après leur mort la maiſon, baſſe-cour & pourpris, de ville, come elle pourra eſchoir par droiĉt d'aiſneaige ou autrement audit Sieur GEORGE DU HAUTOY, & quatre centz francs de rente pour douaire, à prendre ſur la Seigneurie de ville; & en cas d'inſuffiſance, ſur tous autres biens qui ſeront eſcheuz ou pourront eſchoir audit Sieur GEORGE par la mort defdits Srs. & Dame DU HAUTOY; & cas advenant que douaire eſcherat pendant la vie defdits Sr. & Dame du Haultoy, ladite Damoiſelle Blanche aura la maiſon de Manhueulle avec ſes uſuaires & dépendances : icelle maiſon dite la groſſe maiſon, franc-alœef, & quatre centz frans à prendre ſur les pieces qui ſont hypotecquées pour l'aſſignal de ſept centz frans pour le viaticque, &c. *Signé*, J. *Petit-jean & François Caillou, Notaires. Copie extraiĉte ſur la copie collationnée à l'original du* 10 août *1596, par lefdits Notaires, par Mathieu & Loyal, Notaires à Briez, le* 2 *avril* 1614. *Signé, Mathieu & Loyal.*

LETTRES *données aux camps & armée à Nully, le* 17 août 1589 *, par Henry IV, par lefquelles* S. M. déſirant gratifier bien & favorablement traiĉter le Sieur DU HAUTOY, en conſidéraón de ſes bons & fidelles ſervices, & pour lui donner moyen de les continuer, lui accorde la jouiſſance des droiĉtz, fruiĉtz & revenus du Chaſteau de Bonze, appartenant aux Chanoynes & Chapitre de Verdun, &c. *Signé.* HENRY, & *plus bas,* Suze, (original en parchemin.)

AUTRES lettres données aux camps & armée d'Aubervilliers, par Henry IV, le 31 mars 1590, par lefquelles S. M. déſirant gratiffier & recognhoitre le Sieur du Haultoy, en conſidération de ſes bons & agréables ſervices, luy faiĉt don de la jouiſſance des revenuz du Prieuré de Senne, près grand-prés, acquis à S. M. &c. *Signé,* HENRY, & *plus bas,* Suze *Et ſcellé.* (Original en parchemin.)

E

TESTAMENT *fait le 10 mars 1592,* par GUILLAUME DU HAUTOY, Seigneur de Ville, Watronville, Ronvaux, &c. par le quel il fait fçavoir que comme les affignals de mariaige de GEORGE, *Efther & Rachel* DU HAUTOY fes enfants, font pris partie fur la propre ligne de Damoifelle ANNE DE HOUSSE fa chere & bien aymée efpoufe, & l'autre partie fur des acqueftz qu'ils ont fait conftant leur mariage, les quelz affignalz montent à plus que fon patrimoine ne portoit, & que par ce moyen elle feroit fruftrée du douaire qui luy devroit appartenir fur fon bien; il ordonne qu'avenant l'heure de fon décès ladite ANNE DE HOUSSE fon efpoufe emporte en proprieté la moitié des acquefts faits conftant leur mariaige, & de l'autre moitié qu'elle en jouyffe en ufu-fruict fa vie durant, pour après fa mort retourner ladicte moitié à fes enfants, felon les droits & couftumes des lieux où ils font fitués, veut auffi qu'elle jouyffe de tous les meubles en propriété, à charge de payer les dettes qui fe trouveront. Ladite déclaration faitte en préfence de GEORGE DU HAUTOY fon filz, de *Claude de Xonot* ffr. de Maizeres à caufe d'*Efter du Hautoy* fa femme, & à la quelle ils ont acquiefcé. *Signé* DU HAUTOY, GEORGE DU HAUTOY, *Efter du Hautoy, Xonot.* (Minute originale en papier.)

CONTRAT *de Mariage paffé le 12 décembre 1606 & confirmé le 6 janvier 1607, au Chafteau & Maifon forte de Nubefcourt, devant Thomas Bonne-fille, Notaire à Clermont,* de honnoré Seigneur *Jonatan du Haultoys,* Seigneur de Vauldoncourt, affifté d'honnoré Seigneur Meffire *Françoys du Haultoy,* Chevallier, Seigneur de Nubefcourt, Bulainville, Chambellan de S. A. & d'honnorée Dame *Nicolle de Beauveau,* fes pere & mere, d'honnoré Seigneur *George-Fédérich du Haultoy,* Seigneur de Bauzy, Bulainville, &c. Gentil-homme de la Chambre de Monfeigneur le Duc de Bar, & d'*Abraham du Haultoy,* Seigneur de Recicourt, Dombafle, &c. Efcuyer d'Efcuyerie de Monfeigneur de Vauldémont fes freres, avec Damoifelle *Margueritte du Haultoy,* fille de deffunct honnoré Seigneur GEORGE DU HAULTOY, Seigneur de Ville, Aviller & Haucourt, &c. affiftée d'honnorée Dame ANNE DE HOUSSE, Dame de Ville, Watronville & de Ronvaulx, fa mere grande; d'honnorée Dame BLANCHE DE LANDRE fa mere; d'honnoré Seigneur Didier de Landres, Seigneur dudict lieu, Tichemont, Mont, Marville, &c. d'honnoré Seigneur *Jacques de Hauffelizze,* Seigneur de Ronvaulx en partie, Efcuyer d'Efcuyerie de Monfeigneur illuftriffime Érich de Lorraine, Évefque & Comte de Verdun, & Cappitaine du Chafteau de Winbey fes oncles; d'honnorée Dame *Catherine-Rachelle du Haultoy* fa tante; d'honnorée Seigneur *Pelz-Erneft de Mercy,* Seigneur de Mandre, Friauville, par lequel entr'autres chofes la dicte Dame DE HOUSSE donne à la dicte Damoifelle *Margueritte* fa petite fille, foixante paires de quartes de grains, moictyé froment & avoine, mefure ancienne d'Eftain, à prendre chacun an, par les dicts futurs conjoingz, & en cas du décès de ladicte Damoifelle par les enffans procréez dudict mariage, privativement audict fieur *Jonatan,* fur deux gaignages confiftans en terres labourables, prez, chennevieres, jardins, fituez au ban de Ville en Woipvre, pour après le décès d'icelle Dame de Houffe, eftre les dictz deux

gaignages & pieces en dépendantes remis en fa fucceffion, & le tout enfemble par-
tagé entre ladiéte Damoifelle *Margueritte*, ou fes diéts enffans, & les aultres héritiers de la diéte Dame, felon fa cotte part, & les couftumes des lieux où les biens
font affis ; pareillement la diéte Dame DE LANDRE mere donne à la diéts Damoifelle fa fille foixante paires de quartes de grains, moiétyé froment & moyétyé aveine
par chafcun an, à prendre par les diétz futurs conjoinétz, ou en cas du décès de
ladiéte Damoifelle par fefdiétz enffans privativement audiét fieur *Jonatan*, fur deux
gaignages qui lui appartiennent au finage de Villers & Haucourt, avec les conditions appofées à la donation précédentes, fans que l'une ny l'autre des diétes rentes
foit fubjettes à aucun rapport, & lediét fieur Jonatan donne à ladiéte Damoifelle
pour douaire préfix & limitté, la fomme de fix cens frans barrois par chacun an,
à prendre fur les Terres & Seigneurie de Vauldoncourt, en outre la tour, maifon,
baffecourt, colombier & jardinage dudiét lieu avec le droiét d'affouage dheu à la
diéte Seigneurie de Vauldoncourt, &c. *Signé Bonnefille avec paraph.* (Groffe eu
prrchemin.)

*DÈNOMBREMENT donné le premier oétobre 1612 au Duc de Lorraine & de
Bar, à caufe de fa Prevofté de Briey, Sancy & refforts d'icelle en fon Duché de Bar,*
par BLANCHES DE LANDRE, veuve & reliéte de feu GEORGE DU HAULTOY,
Seigneur de Ville, Watronville & Ronvaulx en partie, pour la moiétié du chafteaulx
& forre maifon d'Auvillers & Haulcourt, à elle efcheu par le décès de feu DIDIER
DE LANDRE fon pere grand, & de CLAUDE DE LANDRE fon pere, qu'elle a
receu pour fon lot en partaiges, contre *Didier de Landres*, Seigneur dudit lieu,
de Tichemont en partie, &c. & autres piéces & droiétures parteageables avec Dame
Anne de Landres pour l'autre moiétié ; auquel dénombrement ladite Dame prie
honoré Seigneur *Charles de Boutellier*, Seigneur de Bouvigny, Boulanges, Moucy,
&c. Confeiller de S. A. & Capitaine de Perny, & honoré Seigneur *Peter-Erneft
de Mercy*, Seigneur de Mandre, Chaftillon, Haraigne & Rofiere en Bloy, Confeiller d'Eftat de S. A. & Gentil homme ordinaire de fa Chambre, d'appendre leurs
fcaulx armoyez de leur armes avec le fien, & de le figner. *Signé* BLANCHE DE
LANDRE, *Le Boutellier de Senlis, Bouvigny, & Peter-Erneft de Mercy, & fcellé.*
(Original en parchemin.)

*CONTRAT de Mariage paffé le 20 avril 1618, devant Didier Bray & Nicólas
de Marat, Notaires à Clermont,* de honoré Seigneur THÉODORE DU HAUTOY,
Signeur de Ville, Auviller, Haucourt. &c. fils de deffunét & illuftre & très honnoré Seigneur Meffire GEORGES DU HAUTOY, Chlr, Seigneur de Watronville,
Ronvaux, Ville, &c. affifté de très honnorée Dame, Dame ANNE DE HOUSSE,
reliéte de feu illuftre & très honoré Sgr. Meffire GUILLAUME DU HAUTOY,
Chevalier, Seigneur dudit Watronville, Ronvaux, &c. fa mere grande, de Dame
BLANCHE DE LANDRE, reliéte dudit feu Seigneur GEORGE DU HAUTOY
fa mere, &c. avec Damoifelle HENRIETTE DU HAUTOY, &c. *Voyez cette piéce
en l'article fuivant, page 20.*

CONTRAT de Mariage passé au Chasteau de Nubescourt le 20 avril 1618, devant Didier Bray & Nicolas de Marat, Notaires à Clermont, d'honoré Seigneur THÉO-DORE DU HAUTOY, Seigneur de Ville, Auviller, Haucourt, fils de deffunct illustre & très honoré Seigneur Messire GEORGE DU HAUTOY, Chlr, Seigr. de Watronville, Ronvaux, Ville, &c. assisté de très honorées Dames, Dame ANNE DE HOUSSE, relicte de feu illustre & très honnoré Seigneur Messire GUILLAUME DU HAUTOY, Chevalier, Seigneur dudit Watronville, Ronvaux, &c. sa mere grande, Dame BLANCHE DE LANDRE, relicte dudit feu Seigneur GEORGES DU HAUTOY sa mere ; d'honoré Seigneur *Jacques de Fauster*, Seigneur dudit Ronvaux en partie, Capitaine entretenu de la Majesté du Roy de France; d'hon-norée Dame, Dame *Rachel-Catherine du Hautoy* son espouse, ses oncle & tante; de haut & puissant Seigneur Messire *Jean de Nettancourt*, Chevalier de sainct Empire, Conseiller d'Estat du Roi de France, & Maistre de camp en ses armées, Seigneur de Vaubcourt, Baron d'Orne & de Choiseul son cousin ; d'illustre & très honnorée Dame, Dame JUDITH DU HAUTOY, espouse de haut & puissant Seigneur Mes-sire *Didier de Landre*, Chevalier, Conseiller d'Estat de S. A. Seigneur dudit Lan-dres, Tichemont, Capitaine de Briey, aussi ses oncle & tante, avec Damoiselle HENRIETTE DU HAUTOY, assistée de haut & puissant Sgr. Messire GEORGE-FRÉDERICH DU HAUTOY, Chevalier, Seigneur de Nubescourt, Bulainville, Clémery, Bégnicourt, &c. & d'illustre & très honnorée Dame, Dame MAGDE-LAINE DE LA ROUTTE son espouse, ses pere & mere; de hauts & puissans Sei-gneurs Messire *Abraham du Hautoy*, Chevalier, Seigneur de Recycourt, Baron de la Roche au Comté de Bourgogne; Messire *Jean de Beauveau*, Chevalier, Seigr. d'Espance, Noirlieu, Pois, Vogency, &c. d'illustre & très honorée Dame, Dame

Anne d'Angenne fon efpoufe; de Meffire *Louis de Nettancourt*, Chevalier, Seigneur dudit Nettancourt, Viller, Maulgarny, &c. de Meffire *Charles de Maillart*, Chevalier, Seigneur de Landres, Gruyeres, &c. fes oncles & tantes; d'honoré Sgr. *Daniel de Moncel* Seigneur de Baufey, & d'honnorée Dame, Dame *Gabrielle de Cofte* fon efpoufe, par lequel la dicte Dame ANNE DE HOUSSE, mere grande, & la dicte Dame BLANCHE DE LANDRE mere dudit Seigneur THÉODORE DU HAUTOY, lui affignent 1500 frans de rente, monnoie barrois, fur la Terre & Seigneurie de Watronville, appartenante à ladite Dame ANNE DE HOUSSE, & fur les Terres & Seigneuries d'Auviller & Haucourt, appartenantes à ladite Dame BLANCHE DE LANDRE, fans que ladicte rente foit fujette à eftre rapportée en partage, &c. Les dicts Seigneur & Dame de Nubefcourt donnent à ladicte Damoifelle HENRIETTE DU HAUTOY leur fille, la fomme de 1200 frans, monnoie fufdite, par chacun an, jufques au décès de l'ung d'eulx, lequel décès advenu, fera ladite rente efteinte & confufe à la fucceffion que lefdicts futurs conjoinctz en prendront touchant les immeubles de ligne. Neantmoins ne pourront prétendre de partager aux meubles & acqueftz du premier mourant des dictz Seigneur & Dame de Nubefcourt, ains demeureront neuement au furvivant, pour en difpofer comme de chofe à luy propre, en payant les debtes paffives de la communauté, à la defchaige des futurs conjoinctz, les quels revenant au partage des dicts meubles & acqueftz au proffit dudit furvivant, outre fon douaire de milz frans, à prendre chacun an fur les terres fufdites, ladicte Damoifelle HENRIETTE DU HAUTOY, jouira de la maifon forte appartenant à la ladicte Dame DE HOUSSE, au lieu de Ville, aifances & appartenances d'icelle, pour quoy ladicte Dame DE LANDRE renonce au douaire qui luy a efté affigné fur ladicte maifon par fon traité de mariage, pour en jouir librement par ledit Seigneur fon fils fans charge ny ypoteque. Et d'autant que ledit Seigneur de Nubefcourt a toujours eu une affection particuliere que fon chafteau & place forte dudit Nubefcourt demeurent en fa maifon, ledit Seigneur THÉODORE DU HAUTOY & ladicte Damoifelle HENRIETTE fa future efpoufe par l'advis de leurs parents, promettent qu'au cas qu'il n'y auroit enfans mafles procréez de leurdit mariage, ains tant feullement fille, de l'allier par mariage à ung qui fera du tige de la mefme Maifon & portera le NOM ET ARMES DU HAULTOY, affin que tant mieux la bonne volonté & intention dudict Seigneur de Nubefcourt foit en cela fuivie & effectuée, &c. *Signé de Bray & de Marat.* (Groffe en parchemin.)

RÉSULTAT de l'affemblée de la Nobleffe Verdunoife, convoquée par M. l'Évêque & Comte de Verdun, avec permiffion du Roi, le 21 janvier 1619, touchant ce qu'on doit demander à S. M. requérir & confeiller à S. E. tant fur le réglement de la juftice, franchife & privilège de la Nobleffe, que pour le bien de tout l'Eftat Verdunois, foub la correction de fa dite E. par lequel il eft arrêté que pour les frais des Députés, il fera fait ung fond dont chacun payera autant le pauvre que le riche tant fiefvez que non fiefvé, devant le Sr. Bailly de Verdun, & fera ledit fond de chacun deux pif-

tolles & demye, auffi bien fur les abfents ou forains fiefvés que préfens à l'affem-
bléé; que S. E. fera confeillée de plutoft demander l'élection d'une Chambre à Verdun, en forme d'un Parlement, pour terminer les appellations en dernier reffort, que
de les faire commettre en une Chambre du Parlement de Paris, tant pour la confer-
vation des droits de S. E. & des privilèges des Eftats du pays que foulagement du
Peuple; que S. E. fera fuppliée de traiter enforte avec le Roy que la dicte Chambre
foit compofée d'ung Préfident, ayant pour affeffeurs deux Confeillers du Clergé,
deux de la Nobleffe, deux Séculiers du Confeil de Monfeigneur, & deux du Magif-
trat dé la Ville, avec ung Procureur du Roi, ung Greffier & ung Huiffier; outre &
pardeffus lequel nombre, que ceux d'entre *Meffieurs les Pairs*, qui n'auront affifté
aux jugemens dont fera appel, puiffent felon le droit & la poffeffion qui leur eft re-
congnue, prendre féance en ladite Chambre, comme l'ung defdits Confeillers; que
les deux de la Nobleffe qui entreront en ladite Chambre foient choifis pour la premiere année par les députez de l'affemblée pour ung an feulement, & que les deux
choifis d'an en an, ayent pouvoir d'en eflire fucceffivement les uns aux autres, les
quels foient obligez de s'y trouver, à peine d'amende, s'il n'y a excufe légitime; la
quelle arrivant, ils feront tenus de fubftituer autres de ladite qualité en leurs places,
& que tous lefdits Confeillers à leur réception preftent ferment de ne defranger en
rien aux franchifes & privilèges du pays; qu'ils foient tenus d'affifter tous, fans exception d'aucun, aux jugemens des procès, & pour ce faire, tenir quatre fois l'année &.non plus leur audience; fçavoir les lundis d'après les Roys, Cafimodo, la St.
Jean & la St. Remy, & foient leurs arrêts prononcez au nom du Roy, en la forme
de ceux des autres Parlemens de France; qu'en l'affemblée des Eftats fera faict choix
de gens pour vacquer à la rédaction des Couftumes du Pays-Verdunoys, pour ycelles
homologuées par S. E. eftre fuivyes en jugement, avec defrogation à tous autres;
que S. E. fera fuppliée de fupprimer la vénalité des offices, & de promettre de ne
debroger à l'advenir aux droits des anciennes Familles nobles de la ville de Verdun,
en l'inftitution des offices qui leur appartiennent: qu'en la patente qui fera impétrée
du Roy pour le réglement de la Jurifdiction, foient inferez particulierement & par
le menu, tous les droits de Sadite Excellence, privilèges de la Nobleffe, droitures
fur tous leurs fubjects & terres, cas non appellables, & autres libertez & franchifes
du pays, avec les exemptions des Édits royaux à ce contraires; que pour les cas
d'honneur, combats & querelles entre Gentils-hommes, tant du Verdunois qu'eftran-
gers, arrivant audit pays Verdunois, la congnoiffance abfolue en foit attribuée au
Gouverneur de la province ou Lieutenant de Roy, pour décider par l'advis de quatre
Gentils-hommes du pays, fy lefdits cas doivent eftre jugez cas d'honneur, & d'en
ordonner, comme de cefte qualité, de fon jugement, ou fy ce feront cas de crime
traitable pardevant les Juges ordinaires. *Ledit Réfultat figné par les Nobles du Pays
Verdunois, parmi lefquels fe trouvent (du Hautoy de Vadoncourt,) & (du Hautoy)
qui eft ledit Sr. Théodore.* (Minute originale.)

Accord fait au Chaftel & Maifon forte de Nubefcourt le 6 feptembre 1619, de-
vant *Humbert Bouclier & Didier Bray*, Notaires à Clermont, entre hault & puiffant
Seigneur Meffire GEORGE - FRÉDERICH DU HAUTOY, Chevalier, Seigneur
de Nubefcourt, Bulainville, &c. d'une part ; honoré Seigneur THÉODORE DU
HAUTOY, Seigneur de Ville, Auviller, Haucourt, &c. & honorée Dame, Dame
HENRIETTE DU HAUTOY fon efpoufe, affiftez de haut & puiffant Seigneur
Meffire *Didier de Landre*, Chevalier, Seigneur de Tichemont, Capitaine de Briey,
&c. d'honoré Seigneur *Jacques de Fauftel*, Seigneur de Ronvaux, Capitaine entretenu de S. M. de France, leurs oncles d'autre part, fur la fucceffion ouverte de feue,
illuftre & honorée Dame, Dame MAGDELAINE DE LA ROUTTE, efpoufe du-
dit Seigneur de Nubefcourt, le traité de mariage dudit Seigneur & de ladite Dame
deffunéte, &c. celui dudit Seigneur THÉODORE DU HAUTOY, & de la ditte
Dame HENRIETTE fon efpoufe, notamment touchant la claufe par laquelle il eft
dit que les meubles & acquefts communs entre ledit Seigneur de Nubefcourt & ladiéte Dame deffunéte appartiendront neuement au furvivant d'eulx d'eux, à l'exclufion dudit Seigneur THÉODORE DU HAULTOY & de la diéte Dame HEN-
RIETTE, par le quel ledit Seigneur de Nubefcourt céde auxdits Seigneur & Dame
DU HAULTOY, à tenir en tout droit de propriété, la fomme de 400 frans qu'il
a fur la Terre & Seigneurie de Clemery, provenant de l'achapt d'icelle ; fçavoir de
250 frans des mains de *Monfieur de Ficquemont*, & de 150 frans de *Monfieur de
Tavagny*, ung gaignage confiftant en une maifon franche, nommée la petite Court-
Robert, en terres labourables, preys, chenevieres, fitué tant à Nomeny que finage
d'illec ; ung autre gaignage fitué à Clemery, provenant de rachapt ; autres menues
rentes en argent, poules, chapons, vin, oublies & autres chofes venant des mains
du St. Habillon de Nomeny par acqueft ; une piece d'héritage fize à Clemery,
moyennant la fomme de 18340 frans barrois, que ledit Seigneur de Nubefcourt
a receu des dits Sr. & Dame Cedataires acquefteurs ; les quels par reciproque cedent
pour toujours audit Seigneur de Nubefcourt le quar par indivis en la haute juftice,
terre & feigneurie de Bulainville, venant d'acqueft que ledit Seigneur de Nubefcourt
en a faiét conftant fon mariage avec ladiéte Dame deffunéte fon efpoufe, avec tout
ce qui leur peut appartenir à caufe de ladiéte Dame HENRIETTE, par le décès de
la diéte Dame deffunéte fa mere, qui font les deux tiers au moulin bannal de Sommedieu , & dépendances d'icelui, moyennant la fomme de 18000 frans, que les
dits Sr. & Dame DU HAULTOY ont recue dudit Seigneur de Nubefcourt, & dont
ils fe tiennent pour contents ; laquelle fomme de 18000 frans ledit Seigneur THEO-
DORE DU HAULTOY ne fera tenu de remplacer à la diéte Dame HENRIETTE
fon efpoufe, d'autant que c'eft un accommodement du bien de ladiéte Dame pour
les affaires dudiét Seigneur de Nubefcourt fon pere & les fiennes. *Signé Bouclier &
Bray.* (Groffe en parchemin.)

HOMOLOGATION du 8 may 1624 en la Cour Souveraine, Parlement de Saint-Mihiel, des partages faits les 2 & 4 may précédent, entre honoré Seigneur Meffire GEORGE-FEDERICH DU HAULTOY, Chevalier, Seigneur de Nubefcourt, Belainville &c. & honoré Seigneur Meffire THEODORE DU HAULTOY, aufli Chevalier, & honorée Dame HENRIETTE DU HAULTOY fon efpoufe, Seignr. & Dame de Clemery, Bégnicourt, &c. defirants fatisfaire à l'arreft rendu par ladite Cour le 15 avril précédent, des immeubles & acquefts de la communauté d'entre ledit Seigneur de Nubefcourt & deffunéte honorée Dame MAGDALEINE DE LA ROUTTE fon efpoufe en premieres nopces, par les quels ledit Seigneur de Nubefcourt emporte pour fon lot la moitié de la feigneurie de Belainville en tous droiétz de juftice, haulte, moyenne & baffe, acquettée 27000 frans, la Cenfe de la Grange-le-Comte, en tous droiétz de proprieté, acqueftée 12000 frans avec les appartenances & deppendances defdites Cenfe & Seigneurie. Et réciproquement le-diét Seigneur DU HAULTOY & la diéte Dame HENRIETTE DU HAULTOY fon efpoufe, ont pour leur part tout ce qu'appartenoit aux diéts Seigneur & Dame de Nubefcourt ez lieux de Nomeny & Clemery, foit qu'il ait été acquefté conftant leur mariage, ou retiré par faculté de rachapt; favoir, la maifon de Nomeny avec les pieces en dépendantes réacheptée 7500 frans, ung aultre acqueft faiét audit lieu moyennant 300 frans, le gaignage du Pied du Pont de 1610 frans, une rente de 400 frans par an fur les terres de Clemery, venantes de *Meffieurs de Ficquemont & Tavagny,* de 8000 frans; ung aultre acqueft faiét audit Clemery d'une piece d'héritage en nature de prey de 40 frans, une conftitution de rente de 840 frans vendue par les Seigneur & Dame de Biliftain audit Seigneur de Nubefcourt 12000 frans, le 14 janvier 1614; finallement une aultre conftitution de 500 frans 6 gros de rente, vendue audit Seigneur de Nubefcourt, par honoré Seigneur *Jonatas du Haultoy,* Seigneur de Vaudoncourt, 7150 frans, le 2 mars 1620. Et d'aultant que les pieces que ledit Seigneur de Nubefcourt a pour fon partage montent à 39000 frans, & celles des diéts Seigneur & Dame de Clemery à 36600 frans, le dit Seigneur de Nubefcourt eft obligé de rendre 1200 frans pour fupplément de leur dit partage, & en oultre promet de rendre aufditz Seigneur & Dame de Clemery 840 frans pour les levées par lui faiétes les 4 années précédentes, de la rente des deux tiers a eux appartenant par indivis au moulin de Sommedieu, leur laiffant la proprieté des ditz deux tiers audiét moulin, comme à eulx propre, & procédanr de la ligne de la dite Dame de Clemery; de plus 3000 frans qu'il a levés la premiere année après le trefpas de la diéte Dame MAGDELAINE DE LA ROUTTE, de la ferme dudit Clemery, 630 frans pat luy levée en la mefme année de la rente des immeubles de Nomeny, 3558 frans pour ce qu'il a levé de plus ez années 1620, 1621, 22 & 23, que lefdits Seigneur & Dame de Clemery, faifant en tout 9228 frans, &c. *PAR LA COUR. Signé D. Gallyot.* (Groffe en parchemin.)

LETTRES de Reprifes accordées à Nancy le dernier décembre 1624, par Charles & Nicolle, Duc & Ducheffe de Lorraine & de Bar, &c. à leur très cher & féal le Sieur THEODORE DU HAULTOY, Sieur de Clemery, Bégnicourt, Dainville, Haulcourt, &c. à caufe de tous les fiefs fufdits, de toutes leurs appartenances & deppendances, qu'il tient mouvants des dits Duc & Ducheffe, tant à caufe de leur Duché de Lorraine, qu'à caufe de leur Duché de Bar, à quoy ils l'ont fait recepvoir par leur très cher & féal le Sieur Baron du Tour, Chef de leur Confeil, &c. *Signé* CHARLES, *& fur le repli* PAR LEURS ALTESSES, *les Sieurs Baron du Tour, Chef du Confeil, Prud'homme Mtre. des Requeftes ordinaire & autres préfents. Signé Modo. Regta. Courcol, & fcellé du grand fcel en cire rouge, à deux queues de Parchemain pendantes.* (Original en parchemin.)

AUTRES Lettres de Reprifes accordées à Nancy le dernier décembre 1624, par Charles & Nicolles, Duc & Ducheffe de Lorraine & de Bar, &c. à leur très cher & féal le Sieur THEODORE DU HAULTOY, Sieur de Clemery, Begnicourt, Dainvillers, Haulcourt, fondé de procuration en datte du 17 novembre précédent, de leur auffy très chere & bien aimée la Dame *Anne de Houfty,* Dame de Ville, Waultronville, & Ronvaulx, à caufe du fief de la Malle-maifon, mouvante en fiefs des dits Duc & Ducheffe, enfemble de toutes les appartenances & deppendances d'icelle, à quoy ils l'ont faict recepvoir par leur très cher & féal le Sieur Baron du Tour, Chef de leur Confeil, &c. *Signé* CHARLES, *& fur le repli,* PAR LEURS ALTESSES, *les Sieurs Baron du Tour, Chef du Confeil, Prud'homme, Me. des Requeftes ordinaire, & autres préfents, figné Modo. Regta. Courcol, & fcellé du grand fcel perdu.* (Original en parchemin.)

CESSION faite le 17 janvier 1625, devant Marat & Bray, Notaires à Clermont, par hault & puiffant Seigneur Meffire GEORGE - FREDERICH DU HAUTOY, Chevalier, Seigneur de Nubefcourt, Bulainville, &c. Confeiller d'Eftat de S. A. à honoré Seigneur Meffire THEODORE DU HAUTOY, Seigneur d'Auviller, Clemery, Bégnicourt, & à honorée Dame HENRIETTE DU HAUTOY fon efpoufe, de la fomme de fix milz frans de Lorraine, deue audit Seigneur de Nubefcourt cédant, par Damoifelle *Claude d'Arbois,* vefve de feu Daniel Reboucher, Auditeur des Comptes de Lorraine, pour pareille fomme à elle preftée, pour par le dit Seigneur de Nubefcourt demeurer quitte envers les dits Seigneur & Dame DU HAUTOY, de pareille fomme de 6000 frans, dont il leur eftoit redevable par cédule du 8 may 1624, &c. *Signé DU HAUTOYS - Nubefcourt, Marat & Bray,* & eft accompagnée d'une quittance de la dite fomme donnée le 8 janv. 1634, par HENRIETTE DU HAULTOYS, à l'abfence de Monfieur du Haulrois fon mary, à Monfieur DE NUBESCOURT fon pere, qu'elle décharge, &c. *Signé HENRIETTE DU HAUTOYS.* (Minutes originales.)

COMMISSION *donnée à Paris le 7 février 1627*, Par le Roi à son cher & bien amé le Sr. DU HAUTOY, par la quelle S. M. déclare que son plus grand soing ayant tousjours esté de remplir ses armées des nations les plus belliqueuses, afin de pouvoir exécuter les desseings généreux qu'elle entreprend avec l'ayde des gens de courage qu'elle veut entretenir à sa solde, a trouvé bon de faire lever promptement un régiment de quinze compagnies, composé de Lorrains, Liégeois & Wallons, dont elle a baillé la charge à son très cher & bien amé cousin le Prince de Falzebourg, Colonel général des dites nations, & pour ce que pour commander une compagnie audit régiment, elle ne sçauroit faire meilleure ny plus digne élection que de la personne dudit Sr. DU HAUTOY, sur l'assurance qui luy a esté donnée de ses sens, suffisance, expérience au faict des armes & bonne diligence, S. M. le commet pour commander une compagnie de cent hommes audit régiment, &c. *Signé* LOUIS, *& plus bas*, Par le Roy, *De Beauclerc, & scellé.* (Original en parchemin.)

VENTE *faite au mois de juillet 1627, en la Maison forte de Ville, devant H. le Rouge & Bastien Chaudoit Notaires à Verdun*, par honoré Seigneur THEODOR DU HAULTOY, Seigneur de Clemery, Begnicourt, Auviller & Haulcourt, &c. à honorée Dame, DAME DE HOUSSE, DAME ANNE de Ville en Woipvre, Watronville & Ronvaux en partie, de tout, tel droict, part & portion qu'à luy appartient en matiere de maisonnement, terres arrables, & non arables, preis faulchables, & de toutes sortes de fonds, rentes & cens, de quelque nature qu'elles soient, à luy obvenues par droict de succession de deffunct honoré Seigneur *Jacques de Faufter*, & deffuncte honorée Dame *Rachelle-Catherine du Haultoy*, Seigneur & Dame dudit Ronvaulx, de ce que les dicts Sr. & Dame deffuncts avoient en la ville de Verdun, proche la riviere dict la Poterne, tenant à la totalité du Sr. de Suzemont, d'une part, vers l'Eglise de St. Sauveur, aux vefve & heritiers du Sr. de Germonville, vers la ditte Poterne, d'autre; & pareillement d'une petite maison & de tout ce qui peut estre tánt au village dudit Ronvaux qu'au finage & confinage dudit lieu, moyenant la somme de deux mil & cinq cenr frans barr. de laquelle somme le dit Sr. Vendeur en a receu de lade. Dame la plus part en présence des dits Notaires pour subvénir à son voiage de Bretaigne, & du sur plus il s'en est tenu content & bien paié. *Signé* ANNE DE HOUSSE *& le Rouge.* (Grosse en parchemin.)

*P*ASSEPORT *donné à Heytersheim le 28 mars 1643, par le Comte de Guebriant, Maréchal de France, Conseiller du Roy en ses Conseils, & Lieutenant général de S. M. en Allemagne,* au Sr. DU HAUTOIS, *Capitaine au régiment de M. de Tracy, s'en allant en France travailler aux recrues. Signé* Guebriant, *& scellé du sceau de ses armes en placard & cire rouge.* (Original en papier.)

*C*ONTRAT *de Mariage passé à Pont-à-Mousson le 16 may 1643, devant N. Konot & J. Symonin, Tabellions résidants audit Pont-à-Mousson,* de hault & puissant Seigneur Messire CHARLES DU HAUTOY, Chevalier, Seigneur de Ville en Woipvre, Vatronville, Ronvaux, Clemery & Bignicourt, filz de feu hault & puissant Seigneur Messire THÉODORE DU HAUTOY, Chevalier, Seigneur des dits lieux, & de haulte & puissante Dame Madame HENRIETTE DU HAUTOY ses pere & mere, assisté & autorisé de ladite Dame sa mere, de hault & puissant Seigneur Messire *Bernard de Saintignon,* Chevalier, Seigneur de Villers le Prud'homme, Villers en Hey, Rogéville, Ugny, &c. son cousin, avec Damoiselle ANNE DE COMBLE, fille de feu honoré Seigneur JACQUE DE COMBLE, &c. & de Damoiselle MARIE HIEROSME ses pere & mere, assistée & autorisée de ladite Damoiselle sa mere; d'honorée Seigneur *Erric Hierosme,* Capitaine & Prevost de Dieulouart, Seigneur de Xivry & Voué de Dieulouart, du Sr. *Jean de Gombervaulx,* Capitaine & Gouverneur de Chasteau-sallin, ses oncle & cousin; par lequel entr'autres clauses & conditions, il est stipulé que dès le lendemain de la solemnization dudict mariage, la dicte Damoiselle future espouse doit entrer dans la jouissance & possession des biens tant anciens qu'acquestés de feu son pere, & que pour la part & portion qu'icelle peult prétendre des biens meubles de la communauté d'entre feu son pere & Damoiselle sa mere, icelle MARIE-HIEROSME sa mere lui donne la somme de trente mils frans barrois, moyennant la quelle somme elle demeure quitte & déchargée de toutes prétentions quelconques qu'au subjeĉt de ladiĉte communauté, icelle future espouse pourroit espérer, mesme délivrée de toutes redditions de comptes & pour tous meubles de ladiĉte communauté ou rente gérée par ladiĉte Damoiselle mere. Et ladiĉte Dame DU HAULTOY pour gratifiei & obliger son filz, lui céde & transpoite le droiĉt de douaire qu'elle a de prendre & percevoir sur tous les biens de feu Messire THÉODORE DU HAUTOY son marit, pere d'iceluy futur espoux, lequel elle subrogé en son droit, pour en jouir & disposer, comme elle faisoit & pouvoit auparavant. le présent transporr, &c Signé N. Konot & J. Symonin. (Grosse en parchemin.)

LETTRE écrite de Paris en mars 1661, par Charles IV Duc de Lorraine & de Bar, à Monsieur DU HAUTOY, par laquelle ce Prince déclare qu'il a veu par celle qu'il a écrite à Mandre, qu'il conservoit toujours les mesmes pansées pour ses intérêts, qu'il ressent si fort ces marques de son attachement qu'il seroit le plus ingrat de tous les hommes s'il ne cherchoit les occasions de lui faire paroistre en effet qu'il est son très affeĉtionné ami. Signé Charles de Lorraine. La dite lettre accompagnée d'une autre du Sr. de Mandre du 19 mars 1661, par la quelle il mande à Monsieur DU HAUTOY que les lignes escrittes d'autre part, sont la preuve infaillible qu'il s'est acquitté de la commission qu'il lui avoit donnée par la sienne du 12 du courant, lui protestant qu'il a toujours autant de zele pour son service que du passé, lui donne nouvelle que S. A. a demandé au Roy permission de faire le mariage de Mademoiselle l'aisnée des quatre avec Monseigneur le Prince; que le Roy a déclaré à cette condition hautement se vouloir demestre du Barrois à la considération de Monsieur son neveu & de laditte Damoiselle, &c. que le Roy, les Reynes & la Cour ayant envoyé à cette Princesse Monsr. de Lionne l'assurer du consentement & du desir qu'ils avoient de ce mariage, elle répondit ne rien vouloir que ce qu'il plairoit à S. M. Cela allant des mieux, & ordie donné à M. de Lionne de dresser les articles du mariage, Madame la Duchesse d'Orléans a tasché de faire que cela se fît pr. Mademoiselle d'Orléans déja promise au Prince de Florence ; que cette menée ayant esté secrette avec S. A. & la ditte Dame, il espere qu'elle ne produira rien, & que le mariage estant fait, il aura l'honneur & la satisfaĉtion de l'aller ambrasser, &c. Signé de MANDRE. (Originaux en papier.)

AUTRE Lettre dattée de Paris le 24 septembre, écrite par Charles Duc de Lorraine, à Monsieur DU HAUTOY, par la quelle il lui mande qu'il connoit trop bien les sentimens qu'il a pour lui, pour ne pas l'assurer du resentiment qu'il en a & de la joye qu'il aura de lui pouvoir témoigner que jamais il ne se repentira d'avoir eu de l'attachement pour lui; qu'il sçait aussi qu'il est incapable de changer; c'est pour quoy il ne l'exhorte pas beaucoup sur cela, demandant seulement la continuation de son amitié, & qu'il soit assuré qu'il sera toujours comme il le doit par reconnoissance son très affeĉtionné amy. Signé CHARLES DE LORRAINE. (Original en papier,)

LETTRE dattée de Vienne du 9 aouſt 1662, écrite par le Prince de Lorraine, (CHARLES V.) à Monſieur DU HAUTOY, par la quelle ce Prince lui mande qu'il a appris avec beaucoup de joye la maniere obligeante dont il a parlé tant pour lui que pour toute ſa Maiſon; c'eſt de quoy il le remercie & le prie de continüer, l'aſſeurant qu'il ne fera jamais rien qui ſoit indigne ny de ſon nom ny de l'amitié de tous ſes bons & fidels Lorrains; qu'il a prit le party de lonneur, l'aſſeurant qu'il ne le quittera jamais, & que tant qu'on ne lui donnera pas la Lorraine, il n'écoutera aucune propoſition; que ſa naiſſance, ſon devoir & ſon inclination l'attachent à la Lorraine; qu'il mourra en l'eſtat où il eſt, ou il ſera Duc de Lorraine un jour, qu'il le prie d'eſtre perſuadé de ce qu'il lui dit, & qu'il verra que ſa conduite ſuivra ſes paroles; qu'il ne peut rien ſouhaiter de lui, ſinon qu'il continue ſes bons ſentimens pour lui, & qu'à la fin il verra qu'il n'aura pas ſujet de s'en repentir, car il ne perdra point d'occaſion de lui faire connoiſtre l'eſtime qu'il fait de ſa perſonne, & comme il eſt avec ſincérité ſon très affectionné ami. *Signé LE PRINCE DE LORRAINE.* (Original en papier.)

AUTRE Lettre dattée de Vienne le 23 may 1663, écrite par le même Prince de Lorraine, à Monſieur DU HAULTOY, par la quelle ce Prince lui mande qu'il a ſceu l'affection que ceux de ſon mérite conſervent pour ſes intérêts, & comme il n'en a pas moins pour ce qui concerne les leurs, il ſouhaiteroit que la diſpoſition des affaires lui permit de les en aſſeurer par lui-même, le rapport qu'on lui a fait de la ſienne, lui ayant donné beaucoup de contentement, il le prie de la lui continuer, & de le croire touſjours ſon très affectionné amy. *Signé LE PRINCE DE LORRAINE.* (Original en papier.)

CONTRAT de Mariage paſſé à Nancy le 13 janvier 1667, devant Barthelemy Coquet, Tabellion général au Duché de Lorraine y réſidant, inſinué au Bailliage de Pont-à-Mouſſon le 28 mars 1668, de hault & puiſſant Seigneur Meſſire CHARLES-LAURENT DU HAULTOY, Chevalier, Seigneur de Clemery, Begnicourt, Ville en Voyvre, aſſiſté de hault & puiſſant Seigneur Meſſire *Paul des Armoiſes,* Seigneur d'Aulnoys & de Bouvigny, Gouverneur & Bailly de...... Commandant la compagnie des Chevaux-Legers de S. A. avec Damoiſelle ANTHOINETTE-HENRIETTE DE BRONNE DE MONTAIGU, fille de deffunct hault & puiſſant Seigneur DE BRONNE DE MONTAIGU, Seigneur de Boncourt, Mandres & Fourbe-Vezain, & de Dame ANNE LE BOUTEILLIER DE SENLIS, Dame des meſmes lieux, aſſiſtée de la dicte Dame ſa mere; de venerandes Dames, Dame *Anne-Catherine de Cicon de Richecourt,* Dame Abbeſſe de Bouxieres, & Dame *Barbe des Armoiſes* Coadjutrice; par le quel la dite Damoiſelle future apporte audit ſieur ſon futur mari 31600 livres en argent, dont 1600 prêtées à Madame la Ducheſſe d'Orléans douairiere; 1500 dues par Meſdemoiſelles ſes filles, ſuivant le Teſtament de feue Madame la Ducheſſe de Savoye ſa maîtreſſe; 2000 à prendre ſur le bien du feu fieur *Gafton de Bronne* fon frere; un gaignage fcis à Ranziere, Bailliage de S. Mihiel; un autre de dix mils frans qu'elle a achepté de la Dame fa mere au ban de Troyon; le tiers en la fucceffion de deffunct le fieur Abbé de Bronne fon frere, outre plufieurs Joiaux, & effets d'or & d'argent enrichis de perles & de diaments, vaiffelle d'argent & meubles, &c. *Signé B. Coquet. Approuvé par les Parties pour être fcellé au Tabellionnage de Pont-à-Mouffon le 26 mars 1678. Signé* Haultoy, de Bronne de Montagu, & *A. Papigny & L. Carot, Notaires audit Pont-à-Mouffon.* (Groffe en parchemin.)

LETTRES de Reprifes données le 7 janvier 1681, au nom de S. M. par les Officiers de la Chambre Royalle eftablie à Metz, à fon cher & bien amé CHAR-LES DU HAUTOY, Chevalier, fieur de Clemery, Begnicourt & autres lieux, en exécution de la déclaration du dix-feptieme octobre précédent & publication d'icelle, pour la Terre & Seigneurie de Clemery & Benicourt, pour les deux tiers du fief de Boncourt & Ville en Woipvre, à deffault d'inveftiture ptife de Sadite M. par les fieurs Évefques de Metz & de Verdun, pour jouir du Temporel de leurs dits Évefchez. *Par la Chambre, figné Brenot.* (Original en parchemin.)

DÉNOMBREMENT donné le 20 juin 1681 à S. M. en la Chambee Royale à Metz, ponr fatisfaire à l'arreft du Confeil du 24 juillet 1680, & à la déclaration du 17 octobre fuivant, par CHARLES DU HAUTOY, Chevalier, Seigneur de Clemery & Begnicourt, en partie de Boncour, Mandre, Fourbe-voifin, & pour le tout de Ville en Woipvre, pour lefdites Seigneuries. *Signé du Hautoy & fcellé du fceau de fes armes en placard & cire rouge;* préfenté à là dite Chambre royale le 28 juin 1681, & remis au Procureur général qui en a confenty la reception. *Par la Chambre, figné Le Febvre.* (Originaux en parchemin.)

LETTRES de Reprifes données à Bar-le-Duc le 29 feptembre 1682, par François de Lorraine, Prince de l'Iflebonne, Comte de Vilmareville, Sainct Jean, les deux Jumeaux, Vaucourtois & Herfelle, Baron de Vivier, Loupy le Chaftel, Revigny & autres Terres, Lieutenant général de S. A. ez Duchez de Lorraine & de Bar, au nom de Sadicte Alteffe Séréniffime, à Meffire CHARLES DU HAUTOY, fieur de Clemery, Bégnicourt, &c. pour ce qui lui appartient en un moulin firué au lieu de Sommedieux, auquel les fubjects font bannaux. *Signé* FRANÇOIS DE LORRAINE, PRINCE DE L'ISLEBONNE, *contre-figné Simon, & fcellé du fcel fecret dudit Prince en placard.* (Original en parchemin.)

CERTIFICAT donné le 10 avril 1680, par le Chapitre de Remiremont, fur la demande faite par Madame ANTHOINETTE HENRIETTE DE BRONNE DE MONTAGU, *efpoufe d'honoré Seigneur Meffire* CHARLES-LAURENT DU HAUTOY, *Seigneur de Clemery, &c.* par lequel la Dame Abbeffe & Mefdames affemblées atteftent que Dame *Catherine-Louyfe du Hautoy,* fille defdits Seigneur

CHARLES-LAURENT DU HAUTOY & de Dame ANTHOINETTE-HEN-RIETTE DE BRONNE DE MONTAGU, a efté receue & eft Dame de leur Collége & Compagnie, y apprébendée en leur Églife infigne, collégiatte & féculiere faint Pierre, par Madame Princeffe de Salm Abbeffe, après les preuves deüement faictes en leur Chapitre, de celles de fes huit lignes qui n'eftoient point encore jurées en leur dite Églife; de plus que l'arbre de ligne qui leur a été produit pour le fieur *Charles-Emmanuel du Hautoy*, frere germain de la dite Dame *Catherine-Louyfe du Hautoy*, & fils légitime defdits Seigneur & Dame, porte les mefmes huit lignes; favoir les paternelles, *du Hautoy, de Landre, du Hautoy & de la Route ;* & les maternelles, *Montagu, de Hofey, le Boutilier de Senlis & d'Haraucourt,* & les mefmes armes & blafon ; qu'enfin la LIGNE DU HAUTOY eft l'une des anciennes & illuftres de Lorraine, & jurée de temps immémorial en leur dite Églife. *Signé* E. Folyot, *Notaire aplique & Efcollaftre, & fcellé du fcel du dit Chapitre.* (Original en parchemin.)

LETTRES en idiome latin, données à Aouft le 10 *juillet* 1682 *, par Victor-Amédée Duc de Savoye, &c. Grand-Maître de l'Ordre militaire de Sts. Maurice & Laʒare,* pour la reception audit Ordre en qualité de Chevalier de Juftice, de fon cher & reverend Dom JEAN-HENRY DU HAUTOY Lorrain, iffu de noble race, & admis du confentement & avec l'approbation des Commandeurs dudit Ordre à la profeffion le 18 avril précédent. *Signé V. AMEDÉE,* & plus bas, *D. G. Batta Bufchetto, D. Moncerlin Cancell. D. Antonio Rovana gran Marefte. D. Victorio Baratta, & fcellé.* (Original en parchemin.)

CONTRAT de Mariage paffé au Chafteau d'Aunoy le 15 *juin* 1688 *, devant Vincent & Careʒ, Notaires à Pont-à-Mouffon,* de hault & puiffant Seigneur Meffire *Nicolas de Gaurault du Mont,* Chevalier, *Marquis de la Perrieres,* fils majeur de hault & puiffant Seigneur Meffire *Nicolas de Gaurault du Mont,* Chevalier, *Marquis de la Perrieres,* & de haulte & puiffante Dame *Catherine du Hautoy* fes pere & mere, avec Damoifelle *Marie-Louife du Hautoy,* Dame Chanoineffe-Conteffe de Remiremont, fille mineure de feu hault & puiffant Seigneur Meffire CHARLES-LAURENT DU HAUTOY, Chevalier, Seigneur de Clemery, Bénicourt, Ville en Woipvre & autres lieux, & de haulte & puiffante Dame ANTHOINETTE-HENRIETTE DE BRONNE DE MONTAGUS fes pere & mere, affiftés l'un & l'autre de hault & puiffant Seigneur Meffire *Nicolas du Hautoy,* Chevalier, Seigneur de Boinville, Bullainville & autres lieux, tant en qualité d'oncle paternel à l'un & à l'autre des conjoincts, que de tuteur de ladite future efpoufe, & auffi comme fondé de procuration de ladite Dame *Catherine du Haultoy,* mere dudit Seigneur Marquis, pour affifter & agrèer de fa part le préfent mariage; icelle procuration paffée devant Guillaume Jolivet & Anthoine Batire, Notaires à Caën, le 19 mai précédent, jointe en fon original aux préfentes; de hault & puiffant Seigneur Meſſire *Paul Comte des Armoiſes*, Chevalier, Seigr. d'Aunoy & Bouvigny , &c. ſon couſin germain ; & de haulte & puiſſante Dame *Henriette de Rieux* ſon eſpouſe, par lequel leſdits futurs époux ſe marient avec leurs droits réciproques. *Signé Louis de Gaureaul du Mont , Marie-Louiſe du Hautoy , du Hautoy de Boinville*, DE BRONNE DE MONTAGU, *des Armoiſes , H. de Rieux, Vincent & Carré.* (Minutte originale en papier.)

*CERTIFICAT donné à Nancy le 17 ſeptembre 1701, par Henry Comte de Tornielle & de Brionne, Seigneur de Valhay & autres lieux , Conſeiller d'Eſtat de S. A. R. & George Comte de Lambertye, Chevalier , Baron de Cons , la Grand-ville, auſſi Conſeiller d'Eſtat de S. A. R. Grand-Bailly de Nancy , Mareſchaux de Lorraine & Barrois , par le quel ils atteſtent qu'*ayant receu l'ordre de S. A. R. d'examiner l'arbre généalogique de Meſſire *Jean-Henry Comte du Hautoy*, Capitaine de Cavalerie , au régiment de Commercy pour le Service de S. M. I. pour en recognoiſtre la vérité, ce qu'ayant fait, par la connoiſſance perſonnelle qu'ils ont des lignes & filiations y contenues, ils aſſeurent qu'il contient vérité, & que ledit ſieur *Jean-Henry du Hautoy* eſt iſſu en ligne directe d'un Cadet de L'ILLUSTRE MAISON DE LUXEMBOURG, dont celle du Hautoy a conſervé les Armes plaines, & qu'elle entre dans tous les Colléges de Nobleſſe de la Province, auſſi bien que dans l'Ordre de Malthe. *Signé H. de Tornielle* & *Lambertye, & ſcellé du ſcel de leurs Armes.* (Original en papier.)

LETTRES-PATENTES données à Nancy le 15 ſeptembre 1701, par Léopold Duc de Lorraine & de Bar, par les quelles S. A. R. fait ſavoir que la connoiſſance particuliere qu'elle a du mérite & autres belles qualités qui rendent recommandable ſon cher & bien aymé le Sr. *Jean-Henry Comte du Hautois*, Capitaine au régiment de Cavallerie de Commercy pour le ſervice de S. M. I. la portant à les mettre en conſidération; la naiſſance d'ailleurs qu'il tire d'une des plus anciennes & illuſtres Maiſons de ſes États L'y conviant; la quelle dans tous les temps paſſez a donné à ſes Prédéceſſeurs Ducs, des Officiers qui ſe ſont toujours ſignalez dans les emplois dont ils ont été honorez , avec une bravoure, une fidélité & affection toute diſtinguée, ſur les traces des quels ledit *Comte du Hautois* marche dignement, Lui donnant toutes les preuves de ſa valeur, de ſon courage, bonne conduite & attachement à ſon Service; & voulant lui donner des marques de l'eſtime que S. A. R. en fait, *ELLE lui donne une charge de Chambellan des ſiens*, pour l'avoir & en jouir aux honneurs, droits, autoritez, immunités, privileges & prérogatives qui y appartiennent, tels & ſemblables dont jouiſſent, peuvent & doivent jouir de droit ſes autres Chambellans , &c. *Signé LÉOPOLD, & ſur le repli, Par S. A. R. Mahuet, Regta. L'Eſcrivain,* pro *S. de la Falloize.* (Original en parchemin.)

●◖§§◗●

ARBRE Généalogique contenant la descendance de CHARLES - EMMANUEL DU HAUTOY, JEAN - HENRY DU HAUTOY, & d'ANTHOINETTE-LOUISE DU HAUTOY, Enfans de CHARLES-LAURENT DU HAUTOY & de Dame ANTOINETTE DE BRONNE DE MONTAGU, depuis WILLAUME COMTE DE LUXEMBOURG, Voüé de S. Maximin de Treves, & METHILDE, fille de FREDERICQ DUC DE SUEVE son espouse, accompagné d'un autre Arbre généalogique rapporté au certificat des Maréchaux de Lorraine & Barrois, contenant les 16 Lignes des dits sieurs & Damoiselle DU HAUTOY, dont les Paternelles sont *du Hautoy, de Housse, de Landre, de Landre, du Hautoy, de Beauveau, de la Route, de Clemery;* les Maternelles, *de Bronne de Montagu, de Straffort, de Hausey, de Mouragu, le Bouteiller de Senlis, de Ludre, de Haraucourt, de Gournay.* Le quel outre l'extrait du Martirologe de Malthe pour *George du Hautoy,* fils de *François du Hautoy,* Chevalier, Seigneur de Nubefcourt en Lorraine, que *Scevole & Louis de Ste. Marthe, Hifloriographes de France, font defcendre de l'*ILLUSTRE MAISON DE LUXEMBOURG, & de *Nicole de Beauveau,* martirifé par les Turcs en 1565, & dont on produit la collation en fon lieu ; *l'extrait du Jugement des Commiffaires du Roy pour le Clermontois,* dont on fait mention en l'article des Seigneurs de Nubefcourt, *l'atteflation des Maréchaux de Lorraine & Barrois,* rapportée ci-devant, contient de plus *l'atteflation donnée le 5 avril 1680 par le Lieutenant-Commandant au Gouvernement des Villes & Pays = Verdunois, par la quelle* il certifie que LA MAISON DU HAULTOY eft l'une des plus grande & confidérable de la Province, tant par fon ancienneté que par fes grandes Alliances & Employs; que les Seigneurs de ce lieu ont toujours tenus le premier rang de Nobleffe au dit Pays, & donné de tout temps des Chevaliers de Malthe & de tous autres Ordres militaires, & des Dames d'Eglife, dans tous les lieux jurez; que Meffire CHARLES-LAURENT DU HAULTOY, Chevalier, Seigneur de Clemery & de Ville en Voivre au Verdunois, eft l'un des dits Seigneurs de la Maifon du Haultoy, le quel eft allié avec Madame ANTOINETTE - HENRIETTE DE BRONNE DE MONTAIGU, auffi de grande Maifon originaire d'Angleterre, alliée avec les plus confidérables de cette Province, & que de leur mariage, font iffus Meffire *Charles-Emmanuel du Haultoy, Jean-Henry du Haultoy,* & Damoiselle *Antoinette-Louife du Haultoy,* tous de qualité requife pour entrer dans tous Ordres de Chevallerie ou Colléges de Nobleffe jurée, vivans ainfy que leurs Anceftres d'une maniere très noble & éclatante, & fans que l'on puiffe leur reprocher aucune tafche ny crime pour y déroger; ce qu'il attefte conformément aux Généalogies repréfentées d'autre part, qu'il certifie véritables. *Signé Villeneuve.*

TESTAMENT olographe fait à Seppdu dans le Duché de Niderfchlefien ; dans la Principauté de Glogau le 10 janvier 1705, par Françcois-Charles Baron de Bronne & de Montagu, Général de Cavallerie dans les Armées du Roy de Pologne; par le quel il déclare nulles toutes fes difpofitions antérieures; principalement celle qu'il a faite lors que l'Armée Impériale étoit en Lorraine, comme auffi celle de l'an 1683, lois qu'il alloit avec l'Armée de l'Électeur de Saxe pour délivrer la ville de Vienne, affiégée par les Turcs. Il conftitue pour héritier de tous les biens qu'il laiffera, Mr. fon Neveu, fils de Madame fa defunte Sœur, comme celui qui lui a toujours porté beaucoup de refpect & de vénération, & s'eft acquis dans le Service une renommée d'un illuftre Cavallier, l'illuftre *Jean-Henry Comte du Hautoy de Clemery*, Chevalier de l'Ordre de St. Maurice, Lieutenant-colonel de Cavallerie; enforte qu'après fa mort il doit avoit pleine poffeffion des biens de Seppau, Gioskauer, Mangelviz, avec toutes leurs dépendances & Juftice, avec pouvoir de tenir, donner, vendre, felon fon bon plaifir, tout fon héritage fans aucune exception & fans aucun empêchemeut; veut cependant qu'il foit tenu de le faire inhumer avec toutes les folemnités que requiert la condition d'un Cavallier de fon caractere, & de lui dreffer dans fon Églife de Groskauer un Épitaphe de marbre, avec les Armes de fes Ayeuls, & un étendaid de mort, pour la dépenfe des quelles chofes il doit employer au moins mille florins du Rhin; enforte que fon tombeau foit vis-à vis du grand Autel, & l'épitaphé dans la muraille auprès; que fes Ayeux defunts *Mrs. les Milorts de Bronne*, *Vice-Comtes de Montagu* ayant, fous le régne d'Élifabeth Reine d'Angleterre, mieux aimé perdre pour cent mille écus de biens que de quitter la Religion catholique, Mr. fon pere ayant été Colonel d'Infanterie dans le Service du Roi d'Efpagne, qui par apiès étant venu en Lorraine, époufa la fille de *M. de Vigneulle*, Seigneur de Ranziere, Bouvigny & Maniere, dont la mere a été une *Marquife d'Haraucourt*, tous fes freres s'étant auffi rendu recommandables dans les expéditions militaires, lui enfin étant refte le dernier de cette Famille dont l'extraction vient des Milords, comme on peut affez le remarquer par la Généalogie qui lui a été euvoyée par le Parlement d'Angleterre, *il veut que Mr. fon Neveu & fon héritier, & tous ceux qui lui fuccéderont par droit de fubftitution, foient obligés de prendre après fa mort le nom de fa Famille, qui s'éteindra avec lui, & avec le nom de Bronne de Montagu, de porter fes Armes ;* fi Mr. fon Neveu vient à mourir devant lui, fans laiffer d'héritiers mafculins, fa volonté eft que l'ainé des fils de Madame fa Sœur, époufe de Mr. d'Hauffonville, fuccéde comme fubftitué héritier, avec tous fes defcendans; mais avec exclufion de fes autres freres; ou la fille de Mr. du Hautoy, fi elle vit encore; & dans le cas que ledit aîné & fes defcendans viendroient à manquer, fon cadet avec fes defcendans doit lui fuccéder; & fi celui-ci vient encore à manquer avec fes defcendans, le troifieme & quatrieme, & ainfi fucceffivement avec leurs héritiers mafculins doivent hériter par droit de fubftitution, à condition que le fils aîné excluera toujours tous les autres de la fucceffion. Si quelqu'un de Mrs. d'Hauffonville ne veut point retenir les biens dans les Pays où ils font fitués, il confent qu'il les vende, en employant l'argent en provenant, fans aucune diminution, à achepter d'autres biens en Lorraine, les quels feront toujours transférés aux héritiers fubftitués, &c. *Signé François-Charles de Bionne de Montagu, & fcellé du fceau de fes Armes. Louis-Léopold Comte de Curfchuand, Jean*

Venzel, Seigr. de Terne, Ernest-Henry de Jotvitz, Jean-George, Seigr. de Glauviz, Maxi. M. de Kosliz, Jean-Ernest Nubecschuz, Elme-Bernard Glusch, témoins priés. (Original en papier.)

TESTAMENT olographe en idiome Allemand, fait au Château de Seppau le 25 juin 1738, par Jean - Henry Comte du Hauroy de Bronne, Conseiller d'État & Chambellan de S. M. I. Général de Cavallerie & Colonel d'un Régiment de Cuirassiers, Seigneur de Seppau, Groskaver, Mangelvitz, &c. par le quel le dit Testateur veut qu'il lui soit élevé un Épitaphe de marbre avec l'empreinte de ses Armes dans l'endroit plus convenable de l'Église où il sera inhumé, & s'il meurt hors du Pays, outre cet Épitaphe, il en ordonne un autre dans l'Église de Groskaver; s'il meurt sans héritiers procréés de son corps, il établit pour les véritables héritiers de sa succession, les deux fils de sa chere Sœur Madame *Louise-Catherine Comtesse de Cléron d'Haussonville, née Comtesse du Hautoy;* savoir, Messieurs *Charles-Bernard & Jean-Albert Comtes de Cléron d'Haussonville*, & aussi Madame *Marie-Thérese née Comtesse de Kottulinskai sa chere épouse;* il lègue audit Sieur Charles-Bernard Comte de Cléron d'Haussonville, en exécution du testament de Monsieur son oncle François-Charles Baron de Bronne de Montagu, les biens de Seppau, Groskaver, Mangelvitz, la vaisselle d'argent marquée aux armes dudit sieur son oncle, à quoi il ajoute le bien qu'il a achetté, appellé Rackaw & sa part de Keltschen; au sieur Jean-Albert Comte de Cléron d'Haussonville, les biens qu'il a achettés, savoir, Oberglaserdorff, Backey & Tarnaw, & tout ce qui en dépend, & l'argenterie qui lui appartient & n'est point marquée aux armes de Bronne; à sa très-chere épouse le bien de Zauden dit Gustaw, sa maison de Grosglogaw, avec les meubles & autres effets, & son argenterie de campagne, le tout franc & déchargé de toute dette & prétention quelconque; voulant en outre que son Contrat de mariage, passé à Glosglogau le 31 janvier 1731, confirmé par le Bailliage dudit lieu le 7 septembre suivant, soit exécuté dans tous ses points & articles, &c. *Signé, Jean-Henry Comte du Hautoy de Bronne, & de sept autres Gentilshommes qui ont apposé leurs cachets avec celui du Testateur, & publié le 15 juillet 1739.* (Grosse en parchemin.)

XIIIe. DEGRÉ.

CHARLES-FRANÇOIS-PHILIPPE DU HAUTOY, Chevalier, Comte de Bey, Seigneur de Berlize, de la Basse-Vosge, Clémery, Bégnicourt, &c. Grand-Maître & Général de l'Artillerie de Lorraine.

MARGUERITE-ELISABETH DE SAVIGNY, son Epouse.

1669.

*T*RANSACTION *faite à Clemery le 26 mars 1669, devant Damoiseux Tabellion,* entre hault & puissant Seigneur Messire CHARLES-LAURENT DU HAUTOY, Chevallier, Seigneur de Clemery, Bégnicourt, Ville, &c. & Messire CHARLES-FRANÇOIS-PHILIPPES DU HAUTOY, aussi Chevalier, son fils, pour & à raison du traicté de mariage entre le dit Seigneur du Hautoy pere & deffuncte honorée Dame ANNE DE COMBLES son espouse, par la quelle, pour assoupir & terminer tous procès qui auroient pu naistre, le dit Seigneur du Hautoy pere, déduction faite des sommes payées tant audit Seigneur du Hautoy son fils qu'à autres, se reconnoit redevable de celle de vingt mils six cens vingt trois frans quatre gros, dont le dit Messire CHARLES-FRANÇOIS-PHILIPPE DU HAUTOY, Chevalier, Comte de Baye, Seigneur de Berlize, Mannoué en partie, *donne quittance par acte passé le 4 juillet 1671, devant L. Carez & N. Papigny, Notaires à Pont-à-Mousson,* audit Messire CHARLES-LAURENT DU HAUTOY, Chevalier, Seigneur de Clemery, Begnicourt, Ville, &c. son pere ; la dite quittance inscrite à la fin de la dite Transaction, insinuée & régistrée au Greffe du Bailliage de Pont-à-Mousson le 6 juillet 1671. *Signé Bernard, avec paraphe. Copie collationnée sur la copie attestée de Damoiseulx, dont l'original en minutte a été représenté & confronté à icelle par A. Papigny & L. Carez, Notaires à Pont-à-Mousson, ce requérant ledit Seigneur du Hautoy pere, le 26 mars 1681, le tout estant conforme aux originaux. Signé L. Carez & A. Papigny.*

*C*ONTRAT *de Mariage passé au Château de Ferriere le 15 décembre 1669, devant Comte, Tabellion général au Duché de Lorraine & Garde-nottes de Nancy,* de hault & puissant Seigneur Messire CHARLES-FRANÇOIS-PHILIPPE DU HAUTOY,

Chevalier, &c. fils de hault & puiffant Seigneur Meffire CHARLES-LAURENT DU HAUTOY, Chevalier, Seigneur de Clemery, Bégnicourt & Ville en Voivre, &c. & de feue haulte & puiffante Dame, Madame ANNE DE COMBLE fes pere & mere, affifté dudit Seigneur fon pere; de hault & puiffant Seigneur Meffire *Henry-Gafpard*, *Chevalier*, *Comte du St. Empire*, *de Ligneville & Thumejus*, *&c.* & de hault & puiffant Seigneur Meffire CHARLES D'OURCHES, Chevalier, Sei_gneur de Cercueil & Germiny, Efcuyer à S. A. fes parens & bons amis, avec Da-moifelle MARGUERITTE-ÉLISABETH DE SAVIGNY, fille de hault & pniffant Seigneur Meffire JACQUES-PHILIPPE DE SAVIGNY, Chevallier, Comte de Bey, Seigneur de Ferriere, Berlize, Belmont, Saint Remimont & Mandre fur Vers, &c. & de haulte & puiffante Dame, Madame MAGDELAINE DE SUEVE fes pere & mere, affiftée d'iceux & de leur. confentement; de hault & puiffant Seigneur Meffire *Louis de Salfe*, Chevallier, Marquis de la Rocquevieille, Seigneur de Son, Hetvi-gny, ... Domely, Givron & Balay, &c. Capitaine au régiment de Cavallerie du R. T. C. foubs le nom de la Reine, Commandant la Cavallerie ez garnifons de Thionville, Sierque & Rodemack, &c. fon oncle; & de hault & puiffant Seigneur Meffire *Pierre de Salfe*, Chevalier, Seigneur de Naucourt, &c. fon coufin germain; du Sr. *Éloy d'Apvril*, Seigneur de Benameny, & Confeiller au Bailliage de Nancy, ami des dicts Seigneur & Dame pere & mere de la dicte Damoifelle future époufe; par le quel, entre plufieurs autres conditions, le dit Seigneur pere de la dicte Da-moifelle future efpoufe, lui donne pour dot tous les biens qui lui font obvenus par le décès de Dame *Suzanne de Gournay*, comme héritiere du feu fieur *Jean de Li-gneville*, Seigneur de Dombrot, Comte de Bey, Grand-Veneur de Lorraine, &c. & pour la fomme de fix mille frans de bagues & joyaux, au cas qu'il y auroit en-fans, & de dix mille au cas qu'il n'y en auroit pas; & veut *que l'un des enfans mafle qui naîftra dudit mariage, foit obligé de prendre le Nom & les Armes de Savi-gny, & fes defcendans à perpétuité;* à l'effet de quoi il fubftitue le quart de tous les biens & la principalle maifon dont il héritera dudict Seigneur fon pere, *& ou il n'y auroit qu'un enfant mafle dudict mariage, il eft tenu de porter ledict Nom & les Ar-mes de Savigny, conjointement avec le fien, faulf en après à les divifer, lors qu'il y aura d'autres enfans mafles, afin que ladite fubftitution foit à l'infini.* Se réferve ledict Seigneur pere un logement dans le chafteau de Berlize, & à lui & à la dicte Dame de Sueve fon efpoufe, fi elle furvit, la jouiffance des biens qui lui appar-tiennent & appartiendront cy-après, autres que ceux dépendans de la fucceffion du-dict feu fieut Comte de Bey, à caufe de la donnation mutuelle qu'ils en font par le préfent Contrat de mariage, & fans que jufque après la mort de l'un ou de l'au-tre ledict fieur futur efpoux ni autres leur en puiffent demander aucune chofe. *Signé Comte.*) Groffe en parchemin.)

LETTRES données à Eflingen le 10 mars 1677, par Charles Duc de Lorraine & de Bar, par les quelles S. A. fait favoir que l'occafion de la vacance de l'eftat de Capitaine-général de fon Artillerie, par le décès du feu Sr. *Baron de Saffre,*

K

dernier poſſeſſeur d'icelui, LUI donnant lieu d'en gratiffier le Sr. CHARLES-FRANÇOIS-PHILIPPES DU HAUTOIS, Comte de Baye, ci-devant Soub-lieutenant de l'une de ſes compagnies de Chevaux-legers, & de lui donner des marques de la ſatisfaction qu'ELLE a des bons, agréables & fidels ſervices qu'il a rendus dans les Troupes de feu S. A. ſon très-cher & honoré oncle, pendant plus de quatorze années, & qu'il continue de lui rendre près de ſa perſonne depuis trois ans avec beaucoup de zele & d'aſſiduité, & dont Elle a ſujet de ſe louer ; Sadite A. ayant d'ailleurs une entiere connoiſſance de ſa conduite, valeur, expérience, affection & fidélité, donne audit DU HAUTOY, *ledit eſtat de Capitaine-général de ſon Artillerie*, pour icelui doreſnavant avoir & exercer bonnement & fidellement, & en jouir ſa vie naturelle durant, aux honneurs, droits, pouvoir, autorité, priviléges, immunités, gages, proffits & émoluments y appartenants & en dépendants, tels & ſemblables dont ledit de Saffre & autres ſes dévanciers audit eſtat ont joui, pu & deub jouir de droit, &c. *Signé CHARLES, & ſur le repli, Par S. A.* F. le Begue. *Regta.* F. *Jean V. Maſſon. Et ſcellé du grand ſcel en cire rouge.* (Original en parchemin.)

LETTRES de Repriſes, Foy & Hommages accordées au nom de S. M. le 19 décembre 1680, par la Chambre Royalle eſtablie en la ville de Metz, à ſon cher & bien-amé CHARLES DU HAUTOY, Chevalier, Comte de Bey, Seigneur du Ban d'Aboncourt, Faulcompierre, Dovelle, de la baſſe Vauge & autres lieux, à raiſon dudit Comté, Terres & Seigneuries au nombre de quarante Villages, pour moitié de la Terre de Berlize & du Fief de Manwoé, dépendant du Marquiſat de Nomeny, pour deffault d'inveſtiture priſe de ladite Chambre Royalle par le ſieur Éveſque de Metz, pour jouir du temporel de ſon Éveſché, du quel ledit Comté, Terres, Seigneuries & Fiefs ſont mouvans. *Signé Le Febvre.* (Original en parchemin.)

DÉNOMBREMENT donné le premier jour de décembre 1682, à S. M. en la Chambre Royale eſtablie à Metz, en exécution & pour ſatisfaire à l'arreſt du Conſeil du 24 juillet, & à la déclaration du Roi du 17 octobre 1680, par CHARLES-FRANÇOIS-PHILIPPE-HENRY DU HAUTOY, Chevallier, Comte de Bey, Seigneur de Berlize & de la baſſe Voſges, tant pour lui que pour & au nom de Meſſire......... *d'Anglure*, Chevallier, Marquis de Coublan, pour les dites Terres & Seigneuries de Bey, de Berlyſe & de la baſſe Voſges, appartenances & dépendances. Signé Charle-François du Hautoy de Bey, & ſcellé du ſceau de ſes armes. Après quoi ledit ſieur du Hautoy déclare lui appartenir le quart de toutes les dites Seigneuries conjointement avec ledit Sr. Marquis *de Coublan* & Dame *de Moncha* pour le reſte, les quelles Terres & Seigneuries proviennent de la ſucceſſion de feu Meſſire Jean de Ligneville, Chevallier, Comte de Bey. *Collationné à l'original ſemblable mis au Greffe de la Chambre royalle, & reçeu du conſentement de M. le Procureur général du Roy, à Metz le 16 janvier 1683. Signé Fagnier.* (Original en parchemin.)

Acte Tutélaire exercé le 2 janvier 1685 par le Commiſſaire du Parlement de Metz, par le quel, ſur la demande de Meſſire CHARLES-FRANÇOIS-PHILIPPE DU HAUTOY, Chevalier, Comte de Bey, ſur l'appel d'une ſentence infirmée du Bailliage du Pont-à-Mouſſon qui avoit nommé & eſleu Tuteur aux enfans mineurs de deffunct Meſſire CHARLES-LAURENT DU HAUTOY, Seigneur de Clemery, Meſſire *François du Hautoy*, Chevalier, Seigneur de Recicourt, ſont aſſignés à comparoir par devant ledit Commiſſaire, pour procéder à une nouvelle nomination d'un Tuteur aux dits enfans mineurs, Meſſire *Anthoine de Cuſtine de Poutigny*, Meſſire Eric de Saintignon, Chevalier, Seigneur de Villé-le-Prud'homme; Meſſire *François du Hautoy*, Chevalier, Seigneur de Récicourt; Meſſire *Jean-Paul du Hautoy*, Chevalier, Bailly d'Eſtain, Seigneur de Gouſſainville, parens paternels des dits mineurs; Meſſire Paul des Armoiſes, Seigneur d'Aulnoy & de Bouvigny; Dame ANTHOINETTE DE BRONNE DE MONTAGU, veſve dudit Sr. LAURENT DU HAUTOY, mere des dits mineurs, parents maternels; les quels après comparution nomment & choiſiſſent en ladite qualité de Tuteur, Meſſire *Nicolas du Hautoy*, Chevalier, Seigneur de Boinville, grand-oncle des dits mineurs. *Signé Archangeli.* (Original en papier.)

ARREST du Parlement de Metz du 13 avril 1685, le quel, à requeſte de Meſſire *Nicolas du Haultoy*, Chevalier, Seigneur de Boinville, tuteur de *Jean-Henry du Haultoy*, Chevalier de l'Ordre de Sainct Maurice en Savoye, & de Dame *Catherine-Marie du Haultoy*, Dame de Remiremont, enfans mineurs de feu CHARLES-LAURENT DU HAULTOY, Chevalier, Sieur de Clemery, & de Dame ANTHOINETTE-HENRIETTE DE BRONNE DE MONTAGU, ſon eſpouſe en ſecondes nopces, ſur l'avis du Sieur *du Haultoy de Guſſaniville*, Bailly d'Eſtain, de *François du Haultoy*, Sieur de Recicourt, de *François de Mion*, Sieur de Gombervaux, & *Erricq de Sainctignon*, Sieur de Villers-le-Prud'homme, tous couſins germains & iſſus de germains des dits mineurs du côté paternel; après avoir pris communication des inventaire, procès-verbaux de vente de meubles, comptes rendus par CHARLES-FRANÇOIS DU HAULTOY, Comte de Bey, fils du premier mariage dudit deffunt, & du partage faict entre lui & les dits mineurs ou leur tuteur, des immeubles de la dite ſucceſſion, &c. autoriſe ledit du Haultoy tuteur, à renoncer au nom des dits mineurs à la ſucceſſion dudit deffunct Charles Laurent du Haultoy leur pere. *Signé Sillon. Signifié le même jour à Dame* HENRIETTE-ANTHOINETTE DE BRONNE DE MONTAGU, *& à Meſſire* CHARLES-FRANÇOIS DU HAUTOY, Comte de Bey, *par N. Urbain Huiſſier audit Parlement. Signé N. Urbain.* (Original en parchemin.)

CONTRAT de Mariage paſſé à Clemery le 12 décembre 1689, devant L. Carez & Sanſon, Notaires à Pont-à-Mouſſon, de haut & puiſſant Seigneur Meſſire *Chriſtophe-Arnoult Chevalier Comte de Ligneville*, & du S. Empire Romain, Marquis de Houécourt, Seigneur de Gironcourt, &c. fils de haut & puiſſant Seigneur Meſſire

Henry-Gaspard Chevalier, Comte de Ligneville, & du S. Empire Romain, Tumejus & autres lieux, & de haute & puiffante Dame, Dame *Petronille née Baronne de Boyenne Comteffe de Ligneville*, fes pere & mere, âgé de 2 5 ans paffés, affifté de haut & puiffant Seigneur Meffire *Jacques Pingot*, Chevalier, Seigneur de la Girandiere & de Phlin, fon parent, avec Damoifelle *Henriette-Élizabeth du Hautoy*, fille de hault & puiffant Seigneur Meffire CHARLES-FRANÇOIS-PHILIPPE-HANRY DU HAUTOY, Chevalier, Comte de Bey, Seigneur de Clemery, Bénicourt, &c. Grand-Maître & Capitaine général de l'Artillerie de Lorraine & Barrois, & de haute & puiffante Dame MARGUERITTE-IZABELLE DE SAVIGNY fes pere & mere, affiftée d'iceux, & de haut & puiffant Seigneur Meffire *Nicolas du Hautoy*, Chevalier, Seigneur de Boinville, Buillenville & autres lieux, fon oncle ; par le quel, entre plufieurs autres claufes & conditions y portées, ledit Seigneur COMTE DU HAUTOY, & la dite DAME SON ÉPOUSE, pere & mere de la dite DAMOISELLE future efpoufe, lui donnent *pour fon dot & apportionnement la fomme de 28000 frans qui lui tiendront nature de fond & de propre; fuivant la Coutume de Lorraine pour les Filles de l'ancienne Chevallerie, & pour retourner aux fiens de fon eftoque & ligne, n'y ayant enfans.* Ledit Seigneur futur époux veut que fi pendant fon futur mariage il vient à difpofer par vente des biens immeubles ou rentes de conftitution à lui délaiffés par la dite Dame de Boenne fa mere, & du prix en provenant, en acquefter d'autres biens, n'y ayant enfans procréés de leur futur mariage, ladite Damoifelle future efpoufe les emporte & en jouiffe en droit de propriété, comme de chofe à elle appartenante ; & en cas d'enfans, qu'elle fe contente de l'ufu-fruit des dits acquefts. Signé de Lignéville, H. E. du Hautoy, du Hautoy, M. J. de Savigny, Girardiere, du Hautoy de Boinville, L. Carez & Sanfom ; minutte originalle, accompagnée *de l'Acte de mariage, par lequel le Pere Hierofme Hardy, Supérieur au Couvent des Révérends Peres Minimes de la ville de Nomeny, certifie que le 13 décembre 1689, en vertu de la permiffion à lui donnée par le fieur Dupuy, Prêtre & Curé de la Paroiffe de Clemery, par acte du 11 du dit mois, & foub le mérite des proclamation & difpenfe de bans & du temps de l'Advent obtenue par Meffire Chriftophe-Arnoult Comte de Lignéville, & Damoifelle Henriette-Élizabeth du Hautoy, ainfi qu'il lui eft apparu, par les ordes. de Meffeigneurs les Évefques de Metz & de Toul, en dattes des 28 novembre & 3 décembre courant, il a célébré le mariage d'entre ledit Seigneur Comte de Lignéville, & ladite Damoifelle du Hautoy, en la Chapelle caftralle dudit Clemery, en préfence de Meffire Nicolas du Hautoy*, Chevalier, Seigneur de Boinville, & de Meffire *Jacques Pingot*, Chevalier, Seigneur de la Girardiere & de Phlin. *Signé Fr, H. Hardy, Supérieur, du Hautoy de Boinville, Girardiere, L. Carez & Sanfon.* (Minute originale.)

*E*XTRAIT *des Regiſtres de Baptêmes de l'Egliſe Paroiſſiale de S. Sulpice de Paris, par le quel il conſte que le* 13 *décembre* 1671, a été baptiſé JEAN-BAPTISTE-GASTON, *né le jour précédent,* fils de Meſſire FRANÇOIS-PHILIPPE-HENRY DU HAUTOY, *Chevalier, Comte de Beay,* & de Dame MARGUERITTE-ISA-BELLE DE SAVIGNY ſa femme; le Parein, ALPHONSE-LOUIS DE LORRAINE, Abbé Commendataire de l'Abbaye de Royaumont; la Mareine, très-haute & très-puiſſante Princeſſe MARGUERITTE DE LORRAINE, Ducheſſe Douairiere D'ORLÉANS. *Délivré & certifié conforme à l'original le* 19 *février* 1696, *par le Curé de St. Sulpice, ſigné de la Chetardye; légaliſé par le Lieutenant civil de la ville, Prevoſté & Vicomté de Paris le* 23 *février ſuivant; ſigné le Camus.* (Original en parchemin.)

*L*ETTRES *données à Lunéville le* 14 *ſeptembre* 1704, *par Léopold Duc de Lor-raine & de Bar, par les quelles S. A. R. fait ſavoir que* la Charge d'Enſeigne de ſes Gardes du Corps de la compagnie du Comte de Stainville, ci-devant poſſédée par le Comte de Craon, l'un de ſes Chambellans, étant vacquante par ſa promotion à l'état & office de Grand-Maître de ſa Garde-robe, & voulant la remplir d'une per-ſonne d'un mérite diſtingué, elle la donne au Sr. GASTON-JEAN-BAPTISTE COMTE DU HAUTOIS DE CLEMERY, en qui il a trouvé toute la bonne con-duite, la fidélité & attachement à ſa perſonne, la valeur, expérience au fait des ar-mes, ayant ſervi d'Officier pendant pluſieurs campagnes en Allemagne, & toutes les autres qualités à ce néceſſaires, &c. *Signé* LÉOPOLD. *Par S. A. R.* Mahuet. *Et ſcellé en placard.* (Original en parchemin.)

*A*UTRES *Lettres données à Lunéville le premier juillet* 1705, *par Léopold Duc de Lorraine & de Bar, par les quelles S. A. R. fait ſavoir que* la connoiſſance par-

L

*JE*AN-BAPTISTE-GASTON MARQUIS *DU HAUTOY,* Chevalier, Seigneur de Clémery, Bégnicourt, Bel-lau, &c. Chambellan & Lieutenant-Commandant des Chevaux-légers de la Garde de S. A. R. le Duc de Lorraine, &c.

*Ç*LAUDE-CHARLOTTE *DE RUNE,* ſon Epouſe.

1671.

ticuliere qu'elle a du mérite, de la valeur & autres belles & louables qualités qui rendent recommandable son cher & bien aimé le Sr. GA. JEAN-BAPTISTE COMTE DU HAUTOY DE CLÉMERY, la portant à lui donner des marques de sa confidération; étant d'ailleurs bien informé de sa bonne conduite, vigilance, fidélité & affection à son service, elle lui donne un estat & office de Chambellan des siens, pour l'avoir & en jouir aux honneurs, droits, authorités, priviléges, prérogatives, gages, profits & émolumens y appartenans, tels & semblables dont jouissent, peuvent & doivent jouir de droit ses autres Chambellans. *Signé LÉOPOLD*, & sur le repli, *Par S. A. R. Mabuet. Regta. Piérrot pro Perrin. Et scellé du grand scel en cire rouge.* (Original en parchemin.)

AUTRES Lettres données à Lunéville le 15 février 1708, par Léopold Duc de Lorraine & de Bar, par les quelles S. A. R. déclare que le mérite qu'ELLE trouve en la personne de son cher & bien aimé le Sr. GASTON-JEAN-BAPTISTE COMTE DU HAUTOY DE CLÉMERY, Enseigne de ses Gardes du Corps, & & les bons & fidels services qu'il LUI a rendus en l'exercice de cette Charge, LA portant à lui donner des marques de l'entiere satisfaction qu'ELLE en a, en l'eslevant à un autre Employ plus distingué, & qui l'engage à LUI continuer ses services de bien en mieux, ELLE donne audit COMTE DU HAUTOY un état & office de Sous-lieutenant des Chevaux-Legers de sa Garde, &c. *Signé LÉOPOLD*, & *Par S. A. R. & scellé en placard.* (Original en parchemin.)

CONTRAT de Mariage passé à Nancy le 10 août 1711, devant D. Melin, Tabellion général au Duché de Lorraine résidant à Nancy, honoré & authorisé des présences de Très-haut, Très-puissant & Très excellent Prince LÉOPOLD, par la grace de Dieu, Duc de Lorraine, Marchis, Duc de Calabre, Bar, Gueldres, Montferrar, Roy de Hierusalem, Marquis de Pont-à Mousson & de Nomeny, Comte de Provence, Vauldémont, Blamont, &c. de Très-haute, Très-puissante & Très-excellente Princesse, Madame Charlotte de Bourbon d'Orléans, Duchesse de Lorraine, & de Très-haut, Très-puissant & Très-excellent Prince, Monseigneur le Prince François de Lorraine, Prince du S. Empire, Souverain de Stavelor & de Malmédy, entre haut & puissant Seigneur Messire GASTON-JEAN-BAPTISTE COMTE DU HAUTOY, Chevalier, Seigneur de Clémery & Begnicourt, l'un des Chambellans de S. A. R. & Sous-lieutenant des Chevaux-légers de sa Garde, fils de deffunt haut & puissant Seigneur Messire FRANÇOIS PHILIPPE COMTE DU HAUTOY, Seigneur du dit Clémery & Begnicourt, Grand Maître de l'Artillerie de Lorraine & Barrois, & de haute & puissante Dame MARGUERITTE-ISSABELLE DE SAVIGNY, Gouvernante des Filles d'Honneur de S. A. R. Madame, d'une part, & Damoiselle CLAUDE-CHARLOTTE DE RUNE, fille de haut & puissant Seigneur Messire JACQUES DE RUNE, Chevalier, Seigneur de Fayel, Voirey, Villacourt & autres lieux, ci-devant Capitaine de Cavallerie au régiment de Tilladel pour le service du R. T. C. & Chevalier du S. Lazar, & de Dame ANNE-LOUYSE D'AGUIGNY son épouse,

43

d'autre part ; affiftés , favoir ledit Seigneur COMTE DU HAUTOY, de la dite
Dame MARGUERITTE- ISABELLE DE SAVIGNY fa mere , & de fon confentement; de hault & puiffant Seigneur Meffire *Chriftophe-Arnould Comte de Ligneville*
& du S. Empire, Chambellan de S. A. R. fon beau-frere; de Dame *Henriette-Eli-*
fabeth du Hautoy fon époufe, fœur ; de Damoifelle *Henriette-Louife du Hautoy,*
Fille d'Honneur de S. A. R. Madame; de haut & puiffant Seigneur Meffire *Nicolas*
du Hautoy, Chevalier, Seigneur de Nubecourt, Belainville, fon grand-oncle ; de
haut & puiffant Seigneur Meffire *Jean-Ignace de Clairon de Saffre,Comte d'Hauf-*
fonville, Grand-Maiftre d'Artillerie de S. A. R. Confeiller d'honneur en fa Cout
Souveraine de Lorraine & Barrois, fon oncle, à caufe de Dame *Marie-Louife du*
Hautoy fon efpoufe; de haut & puiffant Seigneur Meffire *Louis de Ludre,* Comte
d'Affrique, Seigneur de Richarmefnil & dudit Ludre, auffi Chambellan de S. A. R.
fon coufin germain ; & de haut & puiffant Seigneur Meffire *Louis Marquis de Beau-*
veau & de Novian , Seigneur desdits lieux , Fléville, Effey, Faing, Hargéville,
d'Eftain, Ville, &c. Marefchal de Lorraine & Barrois, Grand-Bailly de la Lorraine-
Allemande, & Confeiller d'Eftat de S. A. R. fon coufin germain, à caufe de Dame
Jeanne-........ Magdelaine de Ludre fon efpoufe; & de Meffire *Charles-Henry de*
Silly, Chevalier, Seigneur de Jandelaincourt & des hauts & bas Francs, fon bon
ami; & ladite Damoifelle CLAUDE-CHARLOTTE DE RUNE, affiftée desdits Seigneur & Dame DE RUNE fes pere & mere; de Meffire *Alexandre de Rune* fon
frere, Chevalier, Capitaine de Cavallerie au régiment de Ragecourt, pour le fervice
du R. T. C.; de Meffire *Charles de l'Aigle,* Grand-Archidiacre & Official général
de l'Evefché de Toul, & Abbé de l'Abbaye de Marian, fon coufin ; de haute &
puiffante Dame *Marie-Louife de Beauveau,* veuve de haut & puiffant Seigneur
Meffire .... *Marquis de Baffompierre,* Marefchal de Lorraine & Barrois;
de haute & puiffante Dame *Anne-Agnès de Cléron,* veuve de haut & puiffant Seigneur Meffire *Charles-Loppé-Gallo Comte de Malthe,* & de Dame *Louife-Marie de*
Cléron; veuve de haut & puiffant Seigneur Meffire *Eric de Saintignon,* Chevalier,
Seigneur de Viller-le-Prud'homme & autres lieux, fes bonnes amies; par le quel,
entr'autres conditions, lesdits Sieur & Dame DE RUNE donnent pour dot de
mariage, à la ditte Damoifelle leur fille future-efpoufe, quinze mils livres tournois,
payables dans fix mois après la bénédiction nuptialle, & en outre vingt mils livres
auffi tournois après leur décès, à prendre fur la Terre de Roville à eux appartenante,
&c. moyennant quoy ladite future renonce à leurs fucceffions mobiliaie & immobiliaire en faveur dudit fieur de Rune fon frere, procréé du premier mariage dudit
fieur fon pere, & non d'autres, &c. *Signé D. Melin.* (Groffe en parchemin.)

AUTRES Lettres données auffi à Lunéville le 7 juillet 1712, par Léopold Duc
de Lorraine & de Bar, &c. par les quelles S. A. R. déclare que la connoiffance
qu'ELLE a du mérite, de la valeur, & des autres bonnes & louables qualités qui
rendent recommandable fon cher & bien aimé le Sr. GASTON-JEAN-BAPTISTE

COMTE DU HAUTOY DE CLEMERY, l'un de ſes Chambellans, & Sous-lieutñt des Chevaux-legers de ſa Garde, LA portant à lui donner des marques de l'eſtime particuliere qu'ELLE en fait, mettant d'ailleurs en conſidération les bons & fidels ſervices qu'il LUI a rendus dans ſes Emplois, avec tout le zele & l'attachement qu'Elle pouvoit déſirer, SADITE A. R. pour l'engager toujours plus à LUI continuer ſes ſervices de bien en mieux, donne audit Sr. COMTE DU HAUTOY DE CLEMERY un état & office de Lieutenant-Commandant dans leſdits Chevaux-Legers de ſa Garde, pour l'avoir & en jouir aux honneurs, droits, pouvoirs, autorités, rang, prééminence, libertés, prérogatives, priviléges, profits & émolumens y appartenants & en dépendants, tels & ſemblables dont jouiſſent, peuvent & doivent jouir les autres Lieutenants-Commandants des dits Chevaux-Legers de ſa Garde, & aux appointements qui y ſeront par ELLE attribués, &c. *Signé LÉOPOLD, & ſur le repli, Par S. A. R.* Mahuet, *Regta. Pierre*, pro *Perrin. Et ſcellé du grand ſcel en cire rouge.* (Original en parchemin.)

LETTRES-PATENTES donnéss à Lunéville le 16 mars 1728, par Léopold Duc de Lorraine & de Bar, par les quelles S. A. R. déclare qu'il eſt autant de la gloire & de la juſtiee des Princes Souverains, que du bien & de la proſpérité de leurs États, non ſeulement de maintenir les Maiſons anciennes & illuſtres qui en font l'ornement, le ſoutien & la gloire, dans l'éclat & les prééminences que leurs vertus & leurs ſervices leur ont acquiſes, mais encore d'eſlever ceux qui en font ſortis à de nouveaux dègrés d'honneur, lorſqu'ils les ont mérités, ſoit en leur accordant les premieres Charges de l'État, ſoit en illuſtrant leurs terres & leurs biens de titres & dignités qui répondent à leur naiſſance, aux ſervices qu'ils ont rendus, & au rang qu'ils tiennent dans l'ordre de la Nobleſſe. Que c'eſt par cette juſtice, par de ſemblables bienfaits, & dans l'eſpérance d'en obtenir de nouveaux, que ſucceſſivement & par une noble & louable émulation, ceux qui font ſortis de ces Maiſons diſtinguées, s'efforcent de témoigner leur zele à leurs Souverains, & de leur rendre des ſervices qui leur ſont comme héréditaires, & qu'ils ſe ſacrifient dans les occaſions pour le maintien de la gloire du Prince, & pour le ſoutien de leurs États. Que dans ces ſentimens, SADITE A. R. a conſidéré que *LA MAISON DES DU HAUTOY, ſortie de celle DE LUXEMBOURG*, dont elle a toujours porté, comme elle porte encore aujourd'hui les Armes, tient un rang diſtingué dans ſes États ; qu'elle n'a quitté le Nom de Luxembourg dans les ſiécles reculés, que pour prendre celui d'une Terre appellée *HAULTOY*, ſituée dans le Duché de Luxembourg, qu'un Cadet de la Maiſon de ce Nom, qui la poſſédoit, a perpétué à ſes Succeſſeurs, dont il reſte deux Branches dans ſes États, & une autre en France. Que depuis pluſieurs ſiécles Les DU HAUTOY ont été conſidérés, qualifiés & reconnus pour être d'une Maiſon ancienne & illuſtre, qui a donné dans tous les temps à la France & à la Lorraine de grands & vertueux Perſonnages, qui ont rempli des Charges & Poſtes de diſtinction, tant près des Perſonnes des Souverains, que dans leurs Troupes & dans le

Gouvernement. Que la MAISON DU HAUTOY a encore cet avantage fur bien d'autres, que les Enfans qui en fortent, entrent & font reçus dans les grands Chapitres & Colléges des Dames les plus diftinguées, où ils font admis à en jurer les preuves, comme font les Gentils-hommes de l'ancienne Chevalerie de fes États. Qu'il y a près de deux fiecles que l'Ordre de Malthe confidéroit déja les Chevaliers de la MAISON DE DU HAUTOY COMME DESCENDANT DE CELLE DE LUXEMBOURG, DONT ILS PORTOIENT LES ARMES, comme on le voit au folio 249 du Martyrologe qui fe conferve dans les Archives de cet Ordre, où il eft porté que FRERE GEORGE DU HAULTOY LORRAIN, fut un des Chevaliers que les Turcs pendirent par le pied; & qu'ils crucifierent enfuite à la prife du Fort de Saint Elme de Malthe, le 23 juin 1566, & qu'IL PORTOIT LES ARMES DE LUXEMBOURG, COMME ISSU DE CETTE MAISON; que les preuves que ledit Frere George du Hautoy en avoit fait pour fa réception, étoient alors fi récentes, qu'on étoit perfuadé à Malthe de l'origine qu'on lui donna dans ce Martyrologe. Que les Commiffaires nommés par le R. T. C. pour la reconnoiffance & vérification des Titres de la Nobleffe de fes Etats, après avoir vû ceux de LA MAISON DE DU HAUTOY, la déclarerent par leur Jugement du 8 mars 1672, être defcendue de LA MAISON SOUVERAINE DE LUXEMBOURG; qu'enfin elle a joint à fon origine des alliances qui en ont confervé le luftre & l'éclat, enforte que de toute part, SADITE A. R. fe fent portée d'accorder à cette Maifon des diftinctions de titres & d'honneurs qui puiffent en perpétuer la grandeur dans les fiécles à venir. C'eft pourquoi S. A. R. a écouté favorablement la très-humble fupplication que fon cher & féal le Sr. GASTON-JEAN-BAPTISTE DU HAUTOY, Chevalier, Seigneur de Clemery, Begnicourt & Bellau, l'un de fes Chambellans & Lieutenant-Commandant une Compagnie des Chevaux-Legers de fa Garde, lui a fait faire, de vouloir fupprimer le nom du village de Bellau, fitué fous le reffort de fon Bailliage de Pont-à-Mouffon, & qui lui appartient pour le tout, en haute, moyenne & baffe juftice, en vertu de l'acquifition qu'il en a fait pour moitié, avec d'autres biens & droits, des mains du Sr. Jean-Laurent Pichard, par contrat du 28 juillet 1723, & du rachat qu'il a fait de l'autre moitié des mains du Sr. d'Auxon & de la Dame Marguerite Pichard fon époufe, enfuite de la ceffion que SADITE A. R. avoit accordée audit Sr. COMTE DU HAUTOY, par fes Lettres du 30 mai 1724 dudit droit de rachat à ELLE réfervé par les lettres de la vente que feu le Duc Charles IV fit de cette Seigneurie le 14 janvier 1662, à feu le Sr. Nicolas Mengin, l'un de fes Confeillers & Secrétaires d'État, moyennant 15000 frans barrois, & de fubftituer audit *NOM DE BELLAU* celui *DE DU HAUTOY;* d'ériger en Fief la Maifon de Roture qu'il y pofféde, indépendamment de la Seigneurie, enfemble les baffe-cours, jardins, bois, terres, preys & héritages qui en dépendent; d'unir & incorporer lefdits biens à ladite Seigneurie, & à la fonciere dite *des Allieux & de la Magdeleine* audit Bellau, dixmes, biens & droits en dépendans, fitués fur le ban dudit lieu & fur ceux de Landremont, Bezaumont,

M

Morey & circonvoifins, au contenu de fes titres; de même que les château, baffe-
cour, jardins, terres, preys, héritages, bois, rivieres, dixmes, autres biens & droits
qui lui appartiennent à Clemery & Bégnicourt, avec les deux tiers dans les haute,
moyenne & baffe juftice, & droits feigneuriaux & domaniaux defdits lieux, le tout
fitué fous le reffort de fon Bailliage de Pont-à-Mouffon, pour tous lefdits biens ne
faire & compofer à l'avenir qu'un feul & même corps de Fiefs, qui fera indivifible dans fa Famille, qu'il plaira à SADITE A. R. créer, élever & ériger en titre
& dignité de Marquifat, fons le nom & qualification de *MARQUISAT DE*
DU HAUTOY, dont le Village de ce nom fera le Chef-lieu, avec droit d'y établir une Prévôté, compofée d'un Prévôt, Chef de Police & Gruyer; d'un Greffier,
un Notaire, un ou plufieurs Sergens, & conceffion de tous les autres privileges, immunités, prééminences & jurifdiction qui appartiennent aux Terres de cette nature
& qualité; au moyen defquelles unions & de celles des autres biens qu'il pourra acquefter dans la fuite dans le voifinage, cette Terre fera d'un mérite & revenu fuffi-
fant pour en foutenir par le Poffeffeur le nom & la dignité; & défirant donner
audit Sieur GASTON JEAN-BAPTISTE COMTE DU HAUTOY des marques
de la confidération qu'ELLE a pour fa Maifon, & de la fatisfaction qu'ELLE reffent
des bons & agréables fervices que fes Ancêtres & lui ont rendus à SADITE A. R.
& l'engager à les lui continuer, &c. ELLE éteint & fupprime le nom du village de
Bellau, qu'ELLE veut déformais être appellé *DU HAUTOY*, & inféode la Maifon,
baffe-cour, jardins, bois, terres, preys & héritages que ledit Sieur COMTE DU
HAUTOY y poffède en roture, & le tout uni & incorporé, unit & incorpore à la
Seigneurie, haute, moyenne & baffe juftice qui lui appartient, enfemble le château,
baffe-cour, jardins, terres, preys, héritages, bois, rivieres & autres biens & droits
qui lui appartiennent pareillement à Clemery, & les deux tiers dans les haute, moyenne
& baffe juftice dudit lieu; unit & incorpore pareillement à ladite Terre & Seigneurie
de DU HAUTOY, les preys, héritages, terres, bois, rivieres, qui lui appartiennent
également dans le village, ban & finage de Bégnicourt, dixmes, & les deux tiers
dans les haute, moyenne & baffe juftice, droits, cens & rentes feigneuriales en dépendant; enfemble les autres terres, feigneuries & biens que ledit Sieur COMTE
DU HAUTOY ou fes fucceffeurs & ayants caufe pourront acquérir ci-après ès environs dudit du Hautoy & Villages ci-devant nommés, fous le reffort feulement de
fon Bailliage de Pont-à Mouffon, &c. pour le tout ne faire & compofer qu'un feul
& même corps de Fiefs, mouvant & relevant dudit Prince, à caufe de fondit Bailliage de Pont-à-Mouffon, qui fera indivifible, & ne pourra être démembré fans fon
exprès confentement ou celui des Ducs fes fucceffeurs, lequel Fief ainfi uni, & ce
qui pourra y être incorporé dans la fuite, de fa même puiffance & autorité fouve-
raine SADITE A. R. crée & érige en titre & dignité de Marquifat, fous le nom &
qualification de *MARQUISAT DU HAUTOY*, dont le village de ce nom fera
le chef-lieu, & auquel ELLE attribue les honneurs, droits, rang, priviléges, prééminences & prérogatives qui de droit appartiennent aux Terres de cette nature &

qualité ; veut qu'il foit qualifié tel, tant en jugement que dehors , & que ledit Sieur MARQUIS DU HAUTOY, fes fuccefleurs & ayants caufes poffédans ledit Marquifat, en jouiffent de même qu'ont accoutumé d'en jouir de droit tous autres poffeffeurs de Marquifat, tant en fait de guerre, affemblées de Nobleffe, qu'en tous autres lieux & actes, *attribuant* pour cet effet *pour Armes audit Marquifat celles de* LA MAISON DE LUXEMBOURG, DE LAQUELLE LEDIT St. MARQUIS DU HAULTOY TIRE SON ORIGINE, ET QUE TANT LUI QUE SES ASCENDANS ONT TOUJOURS PORTÉES, *qui font d'argent au Lyon de gueulles , armé, lampaffé & couronné d'or, ayant pour Cimier une Cuve d'or, dans laquelle fe baigne, fe mire & fe coeffe Mélufine, demi-femme & demi-ferpent, & pour fupports deux Griffons au naturel, & d'y ajouter une Couronne ds Marquis.* Lui permet de créer & établir audit du Haultoy une Prévôté, pour y rendre la juftice, conformément à fes ordonnances & réglemens, &c. & de faire ériger en tel endroit du ban & finage du village de ce nom qu'il trouvera à propos, un figne patibulaire fur quatre pilliers, le tout à charge par lui & fes defcendans poffeffeurs dudit Marquifat de lui en faire , & à fes fuccefeurs Ducs, les reprifes, foys, hommages & ferment de fidélité à chaque mutation, &c. *Signé LÉO P O LD , plus bas, Par S. A. R.* Olivier, *Regta.* Tallange. *Et fcellé du grand fcel en cire rouge, attaché à deux cordons argent & foye rouge.* (Original en parchemin.)

XVe. DEGRÉ.

LÉOPOLD CHARLES DU HAUTOY, Chevalier, Seigneur de Froid-foſſé, Monchetin, S. Pierre-Aigle, Colonel du Régiment Royal-Rouſ-ſillon, Infanterie, &c.

HENRIETTE-CHAR-LOTTE DE CONSTANT DE TRIERES, ſon Epouſe.

1714.

EXTRAIT des Regiſtres deſtinés à enregiſtrer les actes de baptêmes, mariages & de ſépultures de la Paroiſſe Notre-Dame de Nancy capitale de Lorraine, Diocèſe de Toul, par lequel il conſte que LÉOPOLD-CHARLES, fils légitime de haut & puiſ-ſant Seigneur Meſſire JEAN-BAPTISTE-GASTON COMTE DU HAUTOIT, Lieutenant-Commandant une Compagnie de Chevaux-Legers de la Garde de S. A. R. & ſon Chambellan, & de Dame CHARLOTTE DE RHUNE ſes pere & mere, eſt né le 26 ſeptembre de l'année 1714, & a été baptiſé le même jour, & que le 7 mars 1715 les cérémonies du baptême omiſes & différées par ordre de M. l'Official de Toul, ont été ſuppléées; qu'il a eu pour Parrein S. A. R. repréſentée par hault & puiſſant Seigneur Meſſire *Honnoré du Châtelet,* Marquis de Trichâteau, Capitaine des Gardes du Corps, Conſeiller d'État & Bailli de Nancy; & pour Marreine S. A. R. MADAME, repréſentée par haute & puiſſante Dame MARGUERITTE-ÉLISABETH DE SAVIGNY COMTESSE DU HAUTOIT, Gouvernante des Filles d'Honneur de S. A. R. MADAME. *Délivré & certifié conforme à l'original, le 17 décembre 1776, par le ſieur Renaudin, Prêtre de l'Oratoire, Curé de Notre-Dame de Nancy, & légaliſé par le Lieutenant général au Préſidial & Bailliage Royal de Nancy. Signé Mengin & le Roy.* (Original en parchemin.)

COMMISSION *de Capitaine* de la Compagnie qu'avoit le Sr. Deſcars, dans le régiment de Cavalerie d'Asfeld, vacanté par ſa promotion à la Majorité dudit ré-giment, accordée le premier août 1739 par S. M. étant à Compiegne, à ſon cher & bien amé le Sr. DU HAUTOY. *Signé* LOUIS, Et plus bas, *Par le Roy,.... .... & ſcellé.* (Original en parchemin. .

CONTRAT *de Mariage paſſé le 25 février* 1744 , *au Château de Froid-foſſé,*
Paroiſſe de Bouconville , Bailliage de Sainte Manehould , Coutume de Vitry & Pro-
vince de Champagne, devant Pierre Sarlet & Étienne Marot Notaires Royaux , de-
meurants à Vouziers & Autry de haut & puiſſant Seigneur Meſſire CHARLES-LÉO-
POLD MARQUIS DU HAUTOY, Capitaine de Cavalerie au régiment d'Aſfeld
pour le Service de France , fils majeur de deffunt haut & puiſſant Seigneur Meſ-
fire GASTON - JEAN - BAPTISTE MARQUIS DU HAUTOY, Chevalier , Seigneur de Clémery & autres terres, Commandant d'une Compagnie de Chevaux-Légers de la Garde du Duc Léopold I. & l'un de ſes Chambellans, aſſiſté de haute &
puiſſante Dame, Dame CLAUDE-CHARLOTTE DE RUNE, veuve & douairiere
dudit Seigneur MARQUIS DU HAUTOY, comparante par Meſſire *Jean-Baptiſte-*
Hyacinthe du Hautoy, Comte de Nubeſcourt, Chevalier, Seigneur dudit lieu , &
de Boinville, fondé de la Procuration de ladite Dame DE RUNE, paſſée devant Ma-
this & Tranchot, Tabellions-généraux-Notaires-Gardes-notes au Duché de Lorraine,
réſidans à Nancy, le 19 février, &c. aſſiſté auſſi de haut & puiſſant Seigneur Meſ-
fire *Louïs Comte du Hautoy*, Capitaine de Cuiraſſiers au Service de la Reine de Hongrie & ſon Chambellan, ſon frere germain ; *de Charlotte du Hautoy*, Chanoineſſe de
Poulangy, & *Théreſe du Hautoy* ſes ſœurs ; dudit Seigneur *Comte de Nubeſcourt* ſon
couſin paternel, de *Pierre-Paul-Maximilien Comte du Hautoy*, Grand Séneſchal de
Lorraine ; de . . . . *Comte du Hautoy*, Bailly d'Eſtain , ſes couſins ; de haute &
puiſſante Dame, Dame *Anne-Dorothée du Hautoy*, Marquiſe de Beon-Luxembourg,
Dame de Tichemont, Hatriſe & autres lieux, veuve de haut & puiſſant Seigneur
Meſſire Charles-Fréderic de Beon-Luxembourg, Marquis de Bouteville , comparante
par haut & puiſſant Seigneur Meſſire *Jean-Baptiſte-Hyacinthe du Hautoy*, Chevalier,
Seigneur de Nubeſcourt, fondé de la procuration de ladite Dame , paſſée devant
Gyart , Notaire en la Prevôté & Office de Conflans en Jarniſy le 19 dudit mois de
février ; de *Charles - Bernard Comte de Hauſſonville* , Colonel du régiment Royal-
Rouſſillon, Grand-Louvetier du Roi de Pologne, ſon oncle à la mode de Bretagne
& ſon curateur honoraire ; de . . . . *Marquis de Beauveau* & de Novian,
Maréchal des Camps & Armées du Roi, Inſpecteur de Cavalerie, ſon couſin iſſu de
germain paternel ; de Charles Louis Comte de Ludres, Marquis de Bayon ; de haute
& puiſſante Dame, Dame *Henriette du Hautoy Comteſſe de Gourcy* ſa tante paternelle ; de . . . . *Comteſſe de Choiſeul*, veuve de Monſieur le *Comte de*
Ludre Marquis de Bayon ; de Meſſire *Laurent Pichart* , Chevalier , de Gandelicourt,
ſon intime ami, avec Demoiſelle HENRIETTE-CHARLOTTE DE CONSTANT
DE TRYERES, fille majeure de deffunt haut & puiſſant Seigneur Meſſire LOUIS
CONSTANT DE TRYERES, Chevallier, Seigneur de Froid-foſſé, Monchentin,
le Sal-Borgne & autres lieux, Lieutenant-colonel du régiment Royal - Piémont Cavallerie , & Chevalier de l'Ordre royal & militaire de S. Louis, & de haute & puiſſante Dame, Dame HENRIETTE DE HARMAND DE MARQUIGNY ſon épouſe,
ſes pere & mere, ladite Damoiſelle Dame deſdits lieux de Froid foſſé, Monchentin,

le Sal-borgne, S. Pierre-Aigle, la Grand-maison, la Bauve & autres lieux, affiftée de ladite Dame fa mere, de Meffire *Claude Jofeph de Harmand*, Meftre de camp, ancien Lieutenant-colonel du régiment Royal-Pologne, auffi Chevalier de l'Ordre Royal & militaire de S. Louis; de Meffire Charles-Jean-Baptifte Chevalier, Vicomte de Sugny, Seigneur dudit lieu, fon beau-fiere, à caufe de deffunte Dame *Anne-Bénédicte-Louife de Conflant* fon époufe; de laditte Dame *Marquife de Béon-Luxembourg*, fa tante à la mode de Bretagne du côté paternel, comparante par ledit Seigneur de Nubefcourt; de Dame *Marie-Louife de Conflant*, veuve de Meffire *François Desmoulin*, Chevalier, Comte de l'Ifle, Lieutenant de Noffeigneurs les Maréchaux de France, Dame de Falaife, Lazane, Savigny, Avecq, Triere, Marvaux & la Malmaifon, fa tante paternelle; de Meffire *Louis-Marie-Angélique Comte de Diximieux*, Chevalier, Seigneur dudit lieu, Cordien & Saint Bron, fon coufin germain paternel; de Meffire *Salomon-Henry Comte de Roucy*, Chevalier, Seigneur de Maure, Veaudu & autres lieux, Grand Maître héréditaire du Duché de Reims, fon coufin paternel; de Meffire *Jérome Mocle*, Chevalier, Seigneur de Recy, ancien Lieutenant-colonel du régiment de Rouergue, & Chevalier de l'Ordre royal & militaire de S. Louis, fon oncle à la mode de Bretagne du côté paternel; de Meffire *Louis-Henry de Hermand*, Chevalier, Seigneur de Marquigny, Géraumont, Jouval, Capitaine au régiment Royal-Pologne, Cavallerie, Chevalier de l'Ordre militaire de S. Louis, fon oncle maternel; de Demoifelle *Élifabeth-Charlotte de Hermand*, fa tante maternelle; de Demoifelle Marie de Salfe, fa coufine & amie; de Meffire *François-Philbert de Sugny*, Chevalier, Seigneur de Sainte Marie fous Bourg, Vieux-les-Maures; Par lequel entr'autres difpofitions, le futur époux eft pris avec les biens & droits à lui échus par le décès dudit Seigneur MARQUIS DU HAUTOY fon pere; la Dame DE RUNE fa mere lui donne la généralité des meubles meublans, troupeaux & beftiaux étant au château de Clemery, fe déporte à fon profit de fes reprifes & remplois à elle dûs fur les biens dudit deffunt Seigneur fon mari, en quoi ils puiffent confifter, de même que de fon douaire affecté fur lefdits biens pour la part à la charge dudit fieur futur; pareillement de fa moitié dans l'acquifition de la Terre du Hautoy faite pendant fa communauté avec ledit Seigneur fon mari, enfemble de l'ufufruit du tout ftipulé au furvivant, fous la réferve néanmoins d'une penfion annuelle & viagere de trois mille livres, payables par tous fes enfans à proportion de ce qu'ils prennent dans la fucceffion de leur pere. La future efpoufe eft auffi prife avec les biens & droits à elle échus par le décès dudit Seigneur fon pere; la Dame fa mere lui fait remife du tiers du douaire coutumier à elle deu fur le tiers des biens de ladite future, à elle échu par le décès dudit deffunt Seigneur de Trieres fon pere; lui fait pareilles remifes du tiers qui étoit à la charge de Demoifelle............ *Conflant de Froid-foffé-Trieres*, de laquelle la future eft héritiere, & confirme la remife de l'autre tiers qu'elle avoit ci-devant faite en faveur de la Dame de Sugny fa feconde fille, de laquelle ladite Demoifelle future efpoufe eft auffi héritiere, à charge de lui payer une rente annuelle & viagere de 600 livres, &c. &c. en faveur dudit mariage, ladite Dame Marquise de Beon-Luxembourg ftipulant par ledit Seigneur Comte de Nubefconrt, donne audit fieur futur la fomme de quarante mille livres tournois au cours de France,'à prendre après fon décès fur les héritiers de haut & puiffant Seigneur Meffire Florimont-Claude Comte de Mercy, Seigneur d'Effanville, Landre, Mont, Mureville & autres lieux, portée par contrat reçu par Pierre, Tabellion à Nancy, le 9 avril 1714, & celle de huit mille livres auffi cours de France, à ladite Demoifelle future, à prendre auffi après le décès de ladite Dame Marie-Louife de Conftant, veuve dudit deffunt fieur Comte de L'ifle, fur ce qu'il doit à ladite Dame Marquife de Beon, &c. en faveur auffi dudit mariage Demoifelle Élizabeth de Hermand , donne à ladite Demoifelle future tous & uns chacuns fes droits de propriété, poffeffions refcindanres & refciffoires & 'générallement tous autres qui peuvent lui appartenir en la Terre & Seigneurie de Saint Pierre-Aigle, Grand-maifon, Fief de la Bauve, cens fur cens tant en fief que roture, & générallement ce qui peut lui appartenir en dépendant, fitué dans l'étendue defdites Seigneuries ; Fief & Roture & lieux circonvoifins, &c, *Signé Marot.*) Groffe en parchemin.)

COMMISSION donnée à Verfailles le 25 avril 1746, par S. M. à fon cher & bien aimé le Sr. DU HAUTOY, Capitaine dans le régiment de Cavalerie Defcars, pour tenir rang de Lieutenant-colonel dans ledit régiment & dans fes troupes de Cavalerie. *Signé LOUIS,* Et plus bas, *Par le Roy,* de Voyer d'Argenfon. (Original en parchemin.)

ACTE paffé à Nancy le 27 may 1747, devant Tranchot, Tabellion-général-Gardenottes au Duché de Lorraine, réfidant à Nancy, par lequel hauts & puiffants Seigneurs CHARLES-LÉOPOLD MARQUIS DU HAUTOY, Chevalier, Seigneur de Froidfoffé, Monchetin & Saint-Pierre-Aigle, Capitaine de Cavalerie au régiment d'Efcars, & *Nicolas Comte du Hautoy,* Chambellan, Major du régiment de Cuiraffiers de Birkenfeld pour le Service de Sa Majefté Impérialle la Reine de Hongrie & de Boheme, pour parvenir à la connoiffance de la valleur de la Terre & Marquifat du Hautoy, Clemery, Begnicourt & dépendances, provenans de la fucceffion de haut & puiffant Seigneur Meffire JEAN-BAPTISTE-GASTON MARQUIS DU HAUTOY leur pere, & enfuite au partage de ce qui arrive à chacun des deux freres dans ce Marquifat, tant comme héritiers dudit Seigneur leur pere , que comme ayant fuccédé à trois de leurs fœurs décédées fans poftérité depuis l'ouverture de fa fucceffion, enfemble de ce qui advient dans la même Terre à Mademoifelle *Thérefe du Hautoy* leur fœur, au défir de la Coutume de S. Mihiel, ont, à la participation de haut & puiffant Seigneur Meffire Charles-Bernard Comte d'Hauffonville, Brigadier des Armées du Roy, Curateur honoraire de ladite Demoifelle du Hautoy, fait procéder à l'eftimation de ladite Terre par trois Experts nommés de leur part, & après avoir difcuté & examiné l'advenant de chacun, eu égard *à l'article trois des fucceffions, titre cinquieme de la Coutume de St. Mihiel, concernant le partage des Terres titrées* ; pour éviter toutes difficultés, ledit Seigneur *Nicolas Comte du Hautoy,* vend audit Seigneur CHARLES-LÉOPOLD MARQUIS DU HAUTOY son frere aîné, les parts & portions à lui advenantes dans lesd. Terre & Marquisat du Hautoy, appartenances & dépendances, tant comme héritier dudit feu Seigr. Marquis du Hautoy son pere, que comme ayant succédé conjointement avec ledit sieur son frere à leurs trois sœurs décédées depuis l'ouverture de la succession paternelle, ledit Seigr. Acquéreur demeurant subrogé dans tous ses droits à cet égard; lesdites portions vendues franches & quittes de toutes debtes, charges & hypotéques du chef dudit Vendeur, sauf le douaire de Madame la Marquise du Hautoy leur mere, qui est de 3000 livres de rente viagere, une pension de 350 livres assignée à Dame *Charlotte du Hautoy* leur sœur, Dame de l'Abbaye Royale de Poulangy, & une rente annuelle & viagere de 1500 livres due à Me. Pichard, affectéee sur ladite Terre & Marquisat du Hautoy; ladite vente faite moyennant la somme de 144000 livres tournois, argent au cours actuel de Lorraine, &c. *Signé Tranchot.* (Grosse en parchemin.)

COMMISSION accordée le premier jour de janvier 1748, par S. M. étant à Versailles, pour la charge de Colonel-Lieutenant du régiment Royal-Roussillon d'Infanterie, dont étoit pourvu le Sr. d'Haussonville, & vacante par sa promotion au Grade de Marefthal des Camps & Armées du Roy, à son cher & bien amé le Sr. MARQUIS DU HAUTOY, Capitaine dans le régiment de Cavalerie Descars avec rang de Lieutenant-colonel. *Signé LOUIS,* Et plus bas, *Par le Roy,* de Voyer d'Argenson, *& scellé.* (Original en parchemin.)

LETTRES-PATENTES accordées à Lunéville le 24 mars 1760, par Staniflas Roi de Pologne, &c. Duc de Lorraine & de Bar, par lesquelles S. M. fait savoir que son cher & bien amé le Sr. CHARLES-LÉOPOLD MARQUIS DU HAUTOY, ancien Colonel au Service de son très-cher & très-amé Frere & Gendre le Roy T. C. lui a très-humblement fait représenter que par Lettres du 26 mars 1728, il auroit plû au *Duc Léopold,* l'un de ses Prédécesseurs, créer & ériger en faveur du Sr. GASTON JEAN-BAPTISTE COMTE DU HAUTOY, pere de l'Exposant, les Terres & Seigneuries de Clemery, Bégnicourt & Bellau, avec leurs appartenances & dépendances, en titre & dignité de Marquisat, sous le nom & qualification de *MARQUISAT DU HAUTOY,* dont le village de Bellau seroit le chef-lieu, la dénomination duquel demeureroit éteinte, & seroit déformais appellé *DU HAUTOY,* avec union & inféodation des maisons, cour, basse-cour, jardins, terres, preys, & autres biens fiefs & de roture qu'il possédoit alors ez dits lieux, cens, rentes, droits & revenus y appartenants, lesquels, ensemble les autres Terres, Seigneuries & biens, que tant lui que ses successeurs & ayant cause pourroient acquérir dans la suite ez environs le ressort seulement du Bailliage du Pont-à-Mousson, dont les unions seroient valables par les seules déclarations qui en seroient faites par les contrats d'acquisition, sans qu'il soit besoin d'autres lettres, & au surplus avec attribution des

Armes de *LA MAISON DE DU HAUTOY*, & de tous les honneurs, priviléges, prérogatives dont jouiffent tous les autres poffeffeurs de Marquifat dans fes
États, avec permiffion d'établir audit DU HAUTOY une Prévôté pour y rendre la
juftice, & de faire ériger en tel endroit du ban du Hautoy qu'il trouveroit à propos, un Signe patibulaire fur quatre pilliers, à charge des devoirs féodaux à chaque mutation, à quoy ledit Sieur fon pere ayant fatisfait, en conféquence il a joui
paifiblement dudit Marquifat, & de tous les droits à luy accordés jufqu'à fon décès; qu'il eft échu à l'Expofant fon fils & héritier, lequel, dans le deffein de per-
fectionner l'ouvrage commencé par fon pere, (qui n'avoir pu alors pleinement
accomplir fon projet, à caufe quil avoit des Co-feigneurs à Clemery & Bégnicourt)
auroit acquis, par contrat du 16 février 1750, de M. le Prince de Soubife, Duc
de Rohan, les parts & portions qui lui appartenoient dans lefdites Terres & Seigneuries de Clemery & Begnicourt, lefquelles il auroit déclaré réunir audit Marquifat du Hautoy, laquelle acquifition il auroit plû à Sadite M. confirmer, ainfi
qu'il eft voulu par la Coutume de St. Mihiel, par fes Lettres du 8 juin 1750,
au moyen de quoy l'Expofant fe trouvant actuellement feul Seigneur auxdits lieux
de Clemery & Bégnicourt, l'obftacle qui avoit empêché l'établiffement du chef-
lieu du Marquifat du Hautoy dans ledit lieu de Clemery par les Lettres-patentes
de fon Érection, ne fubfiftant plus, & n'y ayant point de néceffité de conferver
le Siége de la Prévôté au village de ci-devant Bellau, au contraire il feroit plus
convenablement audit Clemery, s'il plaifoit à Sadite M. d'en accorder la tranfla-
tion; Sadite Majefté permet audit Sieur CHARLES-LÉOPOLD MARQUIS DU
HAUTOY de transférer le Chef-lieu dudit Marquifat étably au village cy devant
appellé Bellau, dans celui de Clemery, avec les Siege de la Prévôté & Jurifdictions
civiles, poffeffoires, criminelles & gruriales, telles qu'elles font attribuées par les
Lettres d'érection du 26 mars 1728, en laiffant feulement fubfifter dans les villages
qui en dépendent un Maire pour l'exercice de la Police & un Greffier; à l'effet de
quoy S. M. fupprime le nom de Clemery qu'ELLE veut à l'avenir être appellé *DU
HAUTOY*, & éteint cette derniere dénomination du Chef-lieu, auquel elle étoit
atttibuée, pour reprendre fon premier nom de Bellau, & veut qu'au furplus lefdites
Lettres d'érection foient fuivies & exécutées felon leur forme & teneur; que conformément à icelles les acquifitions cy deffus rappellées y foient unies, le tout à charge
que ledit Marquifat fera toujours mouvant & relevant de Sadite M. & de fes Suc-
ceffeurs, à caufe de fon Marquifat de Pont-à-Mouffon, de fatisfaire par l'oppofant,
fes hoirs, fucceffeurs & ayant caufe à tous les devoirs féodaux, conformément au
prefcrit de la Coutume de S. Mihiel. *Signé STANISLAS ROY, & Par le Roy,*
Rouot. *Regta.* Guire. *Et fcellé du grand fcel attaché à deux lacs d'or & de foye
brune.* (Original en parchemin.)

*LETTRES données à Lunéville le 14 avril 1760, par Staniflas Roi de Pologne,
&c. Duc de Lorraine & de Bar, &c. par lefquelles S. M. fait favoir que le 8 dudit*

fon cher & bien-amé CHARLES LÉOPOLD MARQUIS DU HAUTOY, ancien
Colonel pour le Service de fon très-cher & très-amé Frere & Gendre le Roy Très-
Chrétien, lui a fait les reprifes, foy & hommage & prêté le ferment de fidélité
auxquels il étoit attenu envers Sadite M. à caufe de fon *Marquifat du Hautoy*,
dont le Chef-lieu a été transféré par fes Lettres-patentes du 24 mars précédent, du
village de Belleau où il étoit, en celui de Clemery, qui s'appellera déformais *DU
HAUTOY*, fes appartenances, unions & dépendances, mouvantes & relevantes de
Sadite M. à caufe de fon Duché de Bar, auxquelles reprifes, foy, hommage &
ferment de fidélité Elle a fait recevoir ledit Sr. DU HAUTOY par fon très-cher
& féal Chevalier, Chancelier, Garde de fes Sceaux, Chef de fes Confeils, le Sr.
de la Galaiziere par Elle nommé & commis à cet effet. *Signé STANISLAS ROY*,
Et fur le repli, *Par le Roy*, Rouot. *Regta.* Guite. *Et fcellé du grand fcel.* (Original en parchemin.)

Extrait des Registres de la Paroisse de S. Martin de la ville de Metz, par lequel il confte que l'an 1754 le 5e. fevrier, a été baptifé un fils nommé JEAN BAP-TISTE-CHÁRLES, né le 4 dudit mois fur le foir. Le pere, haut & puiffant Seigneur Meffire CHARLES - LÉOPOLD MAR-QUIS DU HAUTOY, Colonel du régiment Royal-Rouffillon Infanterie, Seigneur du Hautoy, Clemeric, Begnicourt, Froid-foffé, Monchetin & Saint Pieraigle; la mere, haute & puiffante Dame, Madame HENRIETTE-CHARLOTTE DE CONSTANT DE TRYERES fon époufe. le Parein, haut & puiffant Seigneur Meffire *Jean-Baptifte Comte du Hautoy de Nubefcourt,* Seigneur de Nubefcourt & autres lieux; la Mareine, haute & puiffante Dame, Madame CHARLOTTE DE RUNE, veuve de haut & puiffant Seigneur Meffire JEAN-GASTON MARQUIS DU HAUTOY, Chambellan du Duc Léopold & Comman-dant d'une Compagnie de fes Chevaux-Le-gers, Seigneur du Hautoy, Clémeric &

Extrait des Registres des Baptêmes de la Paroiffe Ste. Segolene de la Ville & Diocèfe de Metz, par lequel on voit que l'an 1760, le 19 janvier, CHARLES-HENRY, né la veille, fils de haut & puif-fant Seigneur CHARLES - LÉOPOLD MARQUIS DU HAUTOY, Chevalier de l'Ordre royal & militaire de St. Louis, an-cien Colonel du régiment Royal - Rouffil-lon Infanterie, Seigneur de Clémery, du Hautoy, Froid-foffés, Montchentin, Bi-gnicourt, Saint Pierrelle & autres lieux, & & de Dame, Madame HENRIETTE-CHARLOTTE DE CONSTANT fon époufe, a été baptifé, & a eu pour Parrain Monfieur *Jean-Baptifte-Charles du Hautoy* fon frere, & pour Marreine Madame MA-RIE-HENRIETTE DE HERMANT fa mere grande, veuve de feu Meffire LOUIS DE CONSTANT, Chevalier, Seigneur

XVIᵉ. DEGRE.

JEAN-BAPTISTE CHARLES MARQUIS DU HAUTOY, Capitaine de Cavalerie, &c.

Et CHARLES - HENRY COMTE DU HAUTOY, *fon Frere.*

1754 & 1760.

Begnicourt; lesdits Parrain & Marraine re-présentés par ssr. *Nicolas-Charles du Hautoy*, Lieutenant au régiment de Penthievre, & par Mlle. Charlotte de Salse. *Délivré & certifié conforme à l'original par le Sr. le Moyne, Prêtre & Vicaire de St. Martin, le 26 octobre 1776, & légalisé le même jour par le Président au Présidial & Lieutenant-général au Bailliage de Metz. Signé* Rabuat. (Original en parchemin.)

de Trieres, Froid-fossés, Montchentin, Chevalier de l'Ordre royal & militaire de St. Louis, ancien Lieutenant-colonel de Cavalerie, &c. *Délivré le 20 décembre 1776, & certifié conforme à l'original, par le Sr. Curé de ladite Paroisse Ste. Segolene. Signé* Faucheur. (Original en papier.)

LETTRES de Reprises, Foi & Hommage accordées le 30 mars 1772, au nom de S. M. par la Chambre du Conseil & des Comptes du Duché de Bar, au Sieur Henry Aubry Écuier, Avocat demeurant à Bar, fondé de Procuration passée devant Notaires à Nancy le 24 dudit mois, du Sr. Jean-Claude Beurard Écuier, Conseiller de S. M. Greffier en chef, civil & criminel en sa Cour Souveraine de Lorraine, ancien Conseiller-Secrétaire ordinaire de feu le Roi de Pologne, en qualité de Curateur des Sieurs JEAN-BAPTISTE-CHARLES & CHARLES-HENRY DU HAUTOY, fils mineurs de défunt CHARLES-LÉOPOLD MARQUIS DU HAUTOY, Colonel du régiment Royal-Roussillon Infanterie, & de Dame HENRIETTE-CHARLOTTE DE CONSTANT DE TRIERES son épouse, à cause du Marquisat du Hautoy, Terres & Seigneuries en dépendantes, qui appartiennent auxdits mineurs, situés sous le ressort de la Coutume de Saint-Mihiel, mouvantes & relevantes de Sadite M. à cause de son Duché de Bar, Châtel & Châtellenie de Pont-à-Mousson. *PAR LA CHAMBRE. Signé* Collignon, *& scellé.* (Original en parchemin.)